読まされ図書室

No.

書名 読まされ図書室

学年	氏　名	貸出日	返却
	飯島奈美		
	森下圭子		
	皆川明		
	井上陽水		
	林聖子		
	吉村俊祐		
	よしもとばなな		

小林聡美

宝島社

読まされ図書室

学年	氏名	貸出日	返却日
	群ようこ		
	高橋ヨーコ		
	長塚圭史		
	酒井順子		
	宇多喜代子		
	石原正康		
	さかざきちはる		
	小林聡美		

小林聡美

宝島社

デザイン　大島依提亜
　　　　　勝部浩代
写真　　　馬場わかな
イラスト　さかざきちはる

本書は2014年に発売された書籍『読まされ図書室』を文庫化したものです。

目次

この本は、女優・小林聡美による、
お薦め作品を紹介するものではありません。
職業いろいろ、老若男女から
他人勝手に推薦された本から生まれたエッセイ集です。
ときにそれは、
他愛に満ちた本
ときに偏愛に満ちた本、
挑戦に満ちた本――。
送り込まれる数々の難球を打ち返してきた
小林聡美による汗と涙の記録でもあるのです。

推薦人

飯島奈美

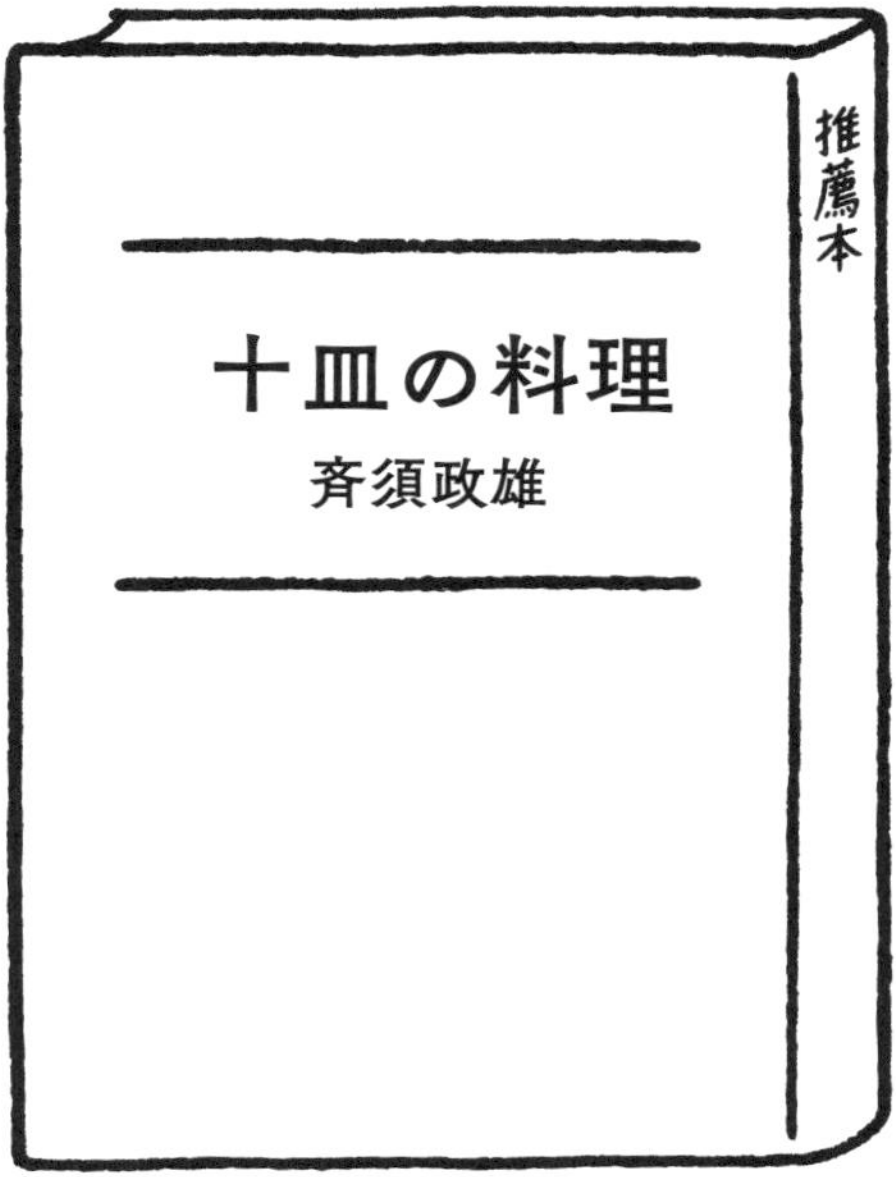

推薦コメント

「最小限度の時間と作業。何事も必要以上にやることはないのです。ギリギリのタイミング、力の抜き具合」。すてきな言葉です。斉須シェフに質問をしたら厨房まで覗かせてくれて丁寧に教えてくれました。シャープさと柔らかさを合わせ持つお人柄は皿の上にあらわれています。尊敬するシェフの経験は、私にも共通する思いがあって、びっくりするとともに安心しました。そして、われらの小林聡美さまのおかげで、いつも現場は和やかに撮影させていただいております。そんな雰囲気が画面から伝わってくるのだと思います。シェフ役の役作りにもお役立てください。今度シェフのお店に行きましょう。

飯島奈美（いいじま なみ）
東京生まれ。フードスタイリスト。CMなど、広告を中心に活動。映画『かもめ食堂』、ドラマ『深夜食堂』など映画やドラマのフードスタイリングも手がける。著書に『ＬＩＦＥ　なんでもない日、おめでとう！のごはん。（１巻、２巻、３巻）』（すべて東京糸井重里事務所）、『飯島風』（マガジンハウス）などがある。最新刊は『ＬＩＦＥあつまる。』（東京糸井重里事務所）。

「ほぼ化」するはじめの一歩

先日、矢野顕子さんのライブを観た。矢野さんは、ほぼピアノ化していた。ピアノが矢野さん化していたとでも言おうか。矢野さんの気持ちが指先に伝わり、それらが勝手にピアノのキーを叩いているようだった。気持ちが昂《たかぶ》ると、指先だけでなく、カラダ全体がのけぞり、悶え、髪はちぢに乱れ、ピアノは軋《きし》み、それはもう大変なことになっていた。矢野さんの身の上には、緊張で指がこわばってキーを叩きそこねるとか、楽譜をめくりそこねて次のフレーズに妙な間ができるとか、そんなこととは無縁なのである。プロだから当たり前といえば当たり前なのだが、矢野さんはまるで、息をするように普通にピアノを弾いているのであった。そして思った。いや、願った？　こんなふうに、すっかりピアノ化している矢野さんにも、ひと知れず陰でピアノと奮闘する時間があるのだろうか、あってほしい！と。

『十皿の料理』はフランス料理レストラン「コート・ドール」のシェフ・斉須政雄氏の、料理人としての彼を語るときに欠かせない十皿の料理にまつわる本である。フランス料理。正直よくわからない。なじみがない。大丈夫か。と最初のページを開いてみると、いきなり親しみやすい語り口で、斉須さんが私に語りかけてきた。

「技術者になりたての頃、シェフから仕事をまかされてソースやオードブルを作っている人、お菓子を作っている人たちが、生まれながらの名人のように思えました。誰もがそういう力を兼ね備えているように見えました。見ている自分のつたなさがつらくて、自分もそうなれるかと羨ましく、不安でした」

斉須さんは一九七三年、二十三歳で渡仏、十二年間、フランスで料理人としての経験を積んだ。その最初の約四年半を「グラスをパーンと壁にぶつけて、その上にペッと唾をはきかけられたような感じでした。グラスは僕です。唾をはいたのはフランスという国です」と振り返っている。自分の存在価値は、フランスではないのと同じ。ただの東洋の馬の骨にすぎないということを思い知らされた、というのである。それでも、斉須さんは辞めない。文字通り無我夢中で働きながらも、斉須さんはいろいろなことに気づいていく。料理に関する技術的なこと。材料とのつき合い方。フランス人の、我慢強さ、理想を追って日々研鑽《けんさん》する姿、滲《にじ》み出る優しさ。それが斉須さんの出身地である東北の人と重なること。そしてなにより料理に対する哲学。斉須さんは帰国前の四年間、フランス人の尊敬できる素晴らしい相棒と、総従業員四名という小さなレストランで奮闘しながらも充実した日々を送る。

この本は、単なる料理のレシピ本ではなく、十皿の料理の向こうにある、斉須さんの人生本なのであった。しかし熱血であるにもかかわらず、まったく暑苦しくない。むしろ、読み進むにつれ、清々《すがすが》しく、幸せな気分になる。それは、どんなさりげなさの裏にも、ひと知れない努力がある、ということを知る嬉しさであり、デキてない自分に対する励みともいえる。みんな初めからデキるわけではないのだ。あの、すっかりピアノ化していた矢野さんにも初めの一歩、積み重ねる二歩三歩があったのだと思いたい！　動物の鳴き声を自由自在に模写する江戸家猫八、超スゴ技を決めて涼しい顔の浅田真央。二歩三歩どころか何万歩何十万歩の先に、あの軽やかさ、さりげなさがあるのに違いないのだ。そして、この本を思うところあって薦めてくれた飯島奈美さん。みんながほっとする美味しそうな料理を次々と見せてくれる彼女も、ひと知れずお勉強に余念がないことを私は知っている。そして、こっそりTRFのエクササイズDVDでフィットネスに余念のないことも知っているのである（私も一緒に踊りました）。

「本当にいいものはなんでもないように普通の顔をしていて無駄がない」

と斉須さんが言うように、普通の顔をしているものこそ、凄いのである、その奥が、きっと。

そうして、街角のちょっとした喫茶店でコーヒーを飲んで、それがさりげなく美味しかったりすると、淹れてくれたオジサンの新聞を読む横顔に、ジーンとする今日この頃なのでありました。

推薦人

森下圭子

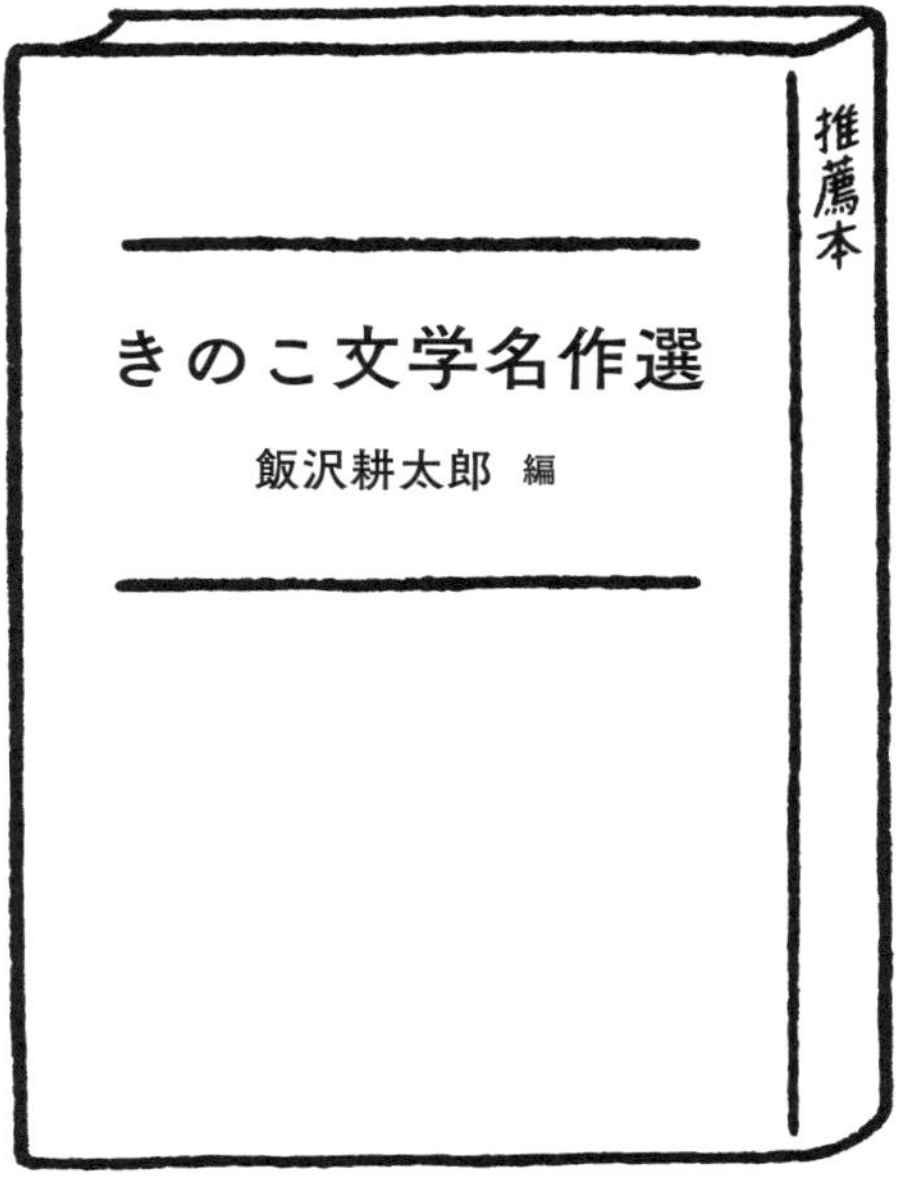

推薦コメント

きのこ愛が過ぎてしまったとは、こういうことでしょうか。この本、電車や飛行機の移動中に読むことが多かったのですが、読みながら本をくるくる回したりするのです。黒いページをひたすらめくったりするのです。文字があまりにも見えづらくて本を上へあげたり陽にあてたり影に入ったり文字が読める角度を探したりするのです。きのこ狩りできょろきょろ森を彷徨う、あんな感じ。いろんな紙、フォント、それが一冊に仲よくまとまっているのも森のきのこたちのようではないですか。時代もジャンルも異なるきのこの文学。くすっと笑ったり、きのこの気分になったり、ああ官能の世界だったり、シュールだったり、作家の意外な一面を見るような作品だったり。人類はきのこととに生き、芸術の中にきのこはすくすくと己の道を切り拓き続けてきているのですね。

森下圭子（もりした けいこ）
１９６９年生まれ。ムーミン研究のため１９９４年フィンランドへ渡り、ヘルシンキ大学で学ぶ。研究の傍ら、芸術プロデュースの仕事を経て独立。雑誌・ＴＶの現地コーディネーター、通訳、翻訳など、さまざまなフィールドで活躍。映画『かもめ食堂』のアソシエイト・プロデューサー。最新の訳書に『トーベ・ヤンソン　仕事、愛、ムーミン』（ボエル・ウェスティン著、共訳、講談社）。ヘルシンキ在住。

きのこはホイホイホイと啼く

　フィンランド在住の森下さんは、ときどき日本に里帰りをする。運がいいと、スッピロバハベロという名前の、乾燥させたきのこをお土産にいただける。乾燥したスッピロバハベロは、干したきのこ独特の乾いた旨みが凝縮したような香ばしいなんとも言えない芳香で、水に戻すとマイタケとエノキダケを足して三で割ったような姿である。それを玉ねぎとバターで炒めてパスタに絡ませ、ひと口ふくめば、そこはもう、森の中。スッピロバハベロは森の滋味に満ちている。

　と、ここまでは、私のきのこ体験、きのこ実感である。

『きのこ文学名作選』という恐ろしい本を読んだ。

　それは、手にしたときから、なにやら怪しげであった。表紙カバーには妙な形の穴がいくつも開き、そのカバーを外すと黄金の表紙があらわれる。えー、どんな中身なのぉ、とページをパラパラめくると、字の大きさ、紙の色、手触り、レイアウト、すべてバラバラ。そしてシュールなイラストがときどきワッと。なんだこれ。

この本に収められている作品の数々は「真の意味でのきのこ文学」であり、この一冊は「極めつけの名作のみを厳選したアンソロジー」なのだそうである。その「極めつけの名作」には、詩や小説はもとより今昔物語や狂言におけるきのこ話など、時代もジャンルも様々な作品が選ばれている。なにやらガチできのこな世界らしいのだ。そして、そのどれもが、なんだか怖い。だがその怖さは、あからさまに

「どやー」

と怖がらせるものではない。怖い、という感情が、自分の理解できないこと、あるいはそれまで経験したことのない状況に対する不安からわき上がるものだとすると、これらの「きのこ文学」の怖さはまさにそれであった。林の中の自然を詠んだ詩が、なんだか怖い。きのこたちが会議をするのが、祭りをするの

が怖い。尼たちが山できのこを食べて舞うのも怖い。患者の老姉妹にきのこ狩りに誘われて山に入る医者も怖い。もうこうなると、のどかな宮沢賢治の世界も怖い。ひとつひとつの作品を「怖くないぞー、怖くないぞー」と自分に言い聞かせながら読み進んでも、読み終わると、いつもそこはなんともいえない恐ろしい世界、未知の世界なのであった。そして、きっときのこ好きは、この怖さが快感に違いない。どうやら、きのこに魅せられたひとたちというのは、凡人とはちょっと違った世界に生きているようである。

森に生えるきのこ。それも、奥へ奥へと入らなければ見つけることができないきのこ。森自体が精霊の気配が漂う存在であるところにきて、突然、あなたを待ってましたとばかりに目の前に現れるきのこ。その時点で、ひとはきのこに魅せられてしまうのかもしれない。突然の出会いは森の中だけではない。押し入れの中や、万年床の下にきのこを発見するのもショッキングでスリリングである。そして怖いっ！

無事に、気もふれずにすべて読み終わり、現世にもどってきた私は、きのことは、あちらの世界とこちらの世界の狭間《はざま》にたつミチシルべなのかもしれない、と思わずにはいられなかった。そして、きのこに魅せられたひとは、きっと、きのこを手に、あちらとこちらを行ったりきたりしているのである。ちなみに私の親戚は秋田できのこを栽培しているが、もしかしたら、あの伯母も、きのこを手に行ったりきたりしているのだろうか！　まさかっ！

フィンランド人のきのこ好きは相当なものだそうである。スッピロバハベロをお土産に持ってきてくれる森下さんも、きのこ狩りの季節になると、普段から決してローなテンションではないものが、限りなくハイになる。そして、収穫したきのこを食べて悶絶、といったメールが頻繁に届く。「しっぽのないムーミン」という名をほしいままにしている森下さんだが、ひょっとすると、ちょっと怖いひと？　そして、きのこを求めて森を彷徨うフィンランドのひとたちも、あちらの世界とこちらの世界を行ったりきたりしているのか？

と、気がつくと、私の頭の中もまんまときのこでいっぱいなのであった。

推薦人

皆川 明

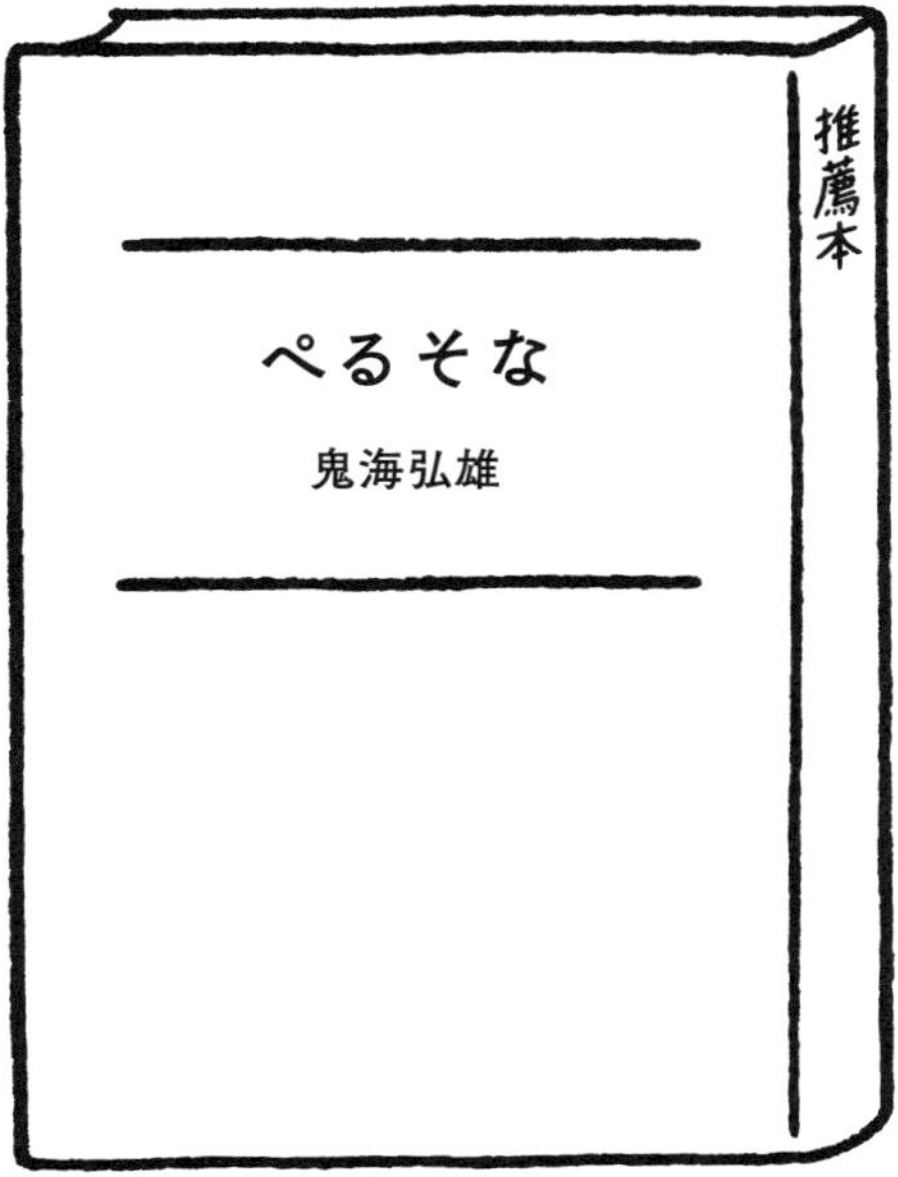

推薦コメント

長年通う行きつけの喫茶店でこの本を見つけたとき、感動と可笑しさと憧れの気持ちが湧いてきました。〝あぁ、こんな人になりたかった〟と思いました。生きることが偏ることで自由に辿り着いている。私もそんな心持ちの中で思いっきり生きたいと感じました。

皆川 明（みながわ あきら）
minä perhonen　デザイナー
１９９５年に自身のファッションブランド「minä（２００３年より minä perhonen)」を設立。オリジナルデザインの生地による服作りを行い、国内外の生地産地と連携して素材や技術の開発に注力する。２００６年「毎日ファッション大賞」大賞を受賞。近年は家具やテーブルウェアなどのインテリアデザインや、そのためのファブリック開発も精力的に行っている。

もの言わぬものたちのドラマ

我が家の猫、ホイちゃんは今年で十一歳になった。初めて会ったのは犬の散歩にでかけた公園だった。その日私たちの後をいつまでも楽しげについてきた子猫だったホイちゃんは、数日後同じ公園の草むらで、ぱったりと横になりハアハアと荒い息で明らかに具合が悪そうだった。どうにもそのままにしていられない、と、家で飼う覚悟で病院に連れていくと、あちこち悪くて、結局ひと月もの間入院して、そして家の猫になった。当時家には二匹の猫と一匹の犬がいた。外猫だったホイちゃんは、先住の動物たちとも友好的に暮らした。特にラブラドルレトリーバーのとびが大好きで、自分の体の十倍もあるとびの腋の下やおケツに密着してよく昼寝をしていた。外猫だったときにかかった病気のうちには完全に治らないものもあり、特に蓄膿症《ちくのうしょう》がひどかった。それで、なにやらおでこあたりに穴をあけてそこからジュルジュル膿《うみ》をとる手術でまた入院。帰ってきたホイちゃんの顔は、右目が左目よりつれて小さくなっていた。それでも冬の寒い時期になると、青っ洟《ぱな》がズビズビ出ることもあり、病院で教わったティッシュでつくったこよりで鼻の穴をつっつくと、豪快なくしゃみとともに青っ洟がズルズルと引きずりだされた。病弱とは言わないまでも、その後も耳や目の炎症、アレルギーなどでちょくちょく病院のお世話になり、いつも鼻をズビズビいわせているホイちゃんだったが、ベランダから隣の家の屋根に飛び移ろうとして転落し鼻の下を切ったり、ウザがる老猫にまとわりついてパンチをくらったり、そしてこれはどうかと思ったが今にも死ぬかという老猫がとぼとぼ歩いているのを、椅子の陰に隠れてその様子をうかがい、隙をねらって老猫にタックル、いわゆる「おやじ狩り」を繰り返すなど、活発に活動していた。そして、まあホイちゃんのせいではないだろうが、老猫は順番に二匹とも亡くなり、しばらくは大好きなとびとの時間を楽しんでいた。ホイちゃんは、猫がおっぱいを吸うときにするグーパーグーパーをよくとびの横っ腹や背中でやっていた。それは、マッサージをしているようにも見え、なんとも微笑ましい光景であった。そうした日々がしばらく続き、ホイちゃん八歳の頃、ご縁あって、新しい子猫が家にやってきた。こいつはまたとんでもなく活発で、動きも顔もニホンザルのような子猫だったが、ホイちゃんが以前老猫にしていた「おやじ狩り」を、今度はホイちゃんが、この子猫から受けることになるのだった。因果応報……。子ザル猫のせいで、とびとの落ち着いた生活は乱され、そうこうしているうちに、一家離散。ホイちゃんはその後大好きだったとびと二度と会うことなく、今では耳も鼻もきかない老猫となり、ときどき、元子ザル猫に「おやじ狩り」をされる日々を送るのだった……。

と、長々と家の猫の半生を書いてしまったのは、『ぺるそな』におさまったおびただしい数のもの言わぬひとびとの肖像を見たからである。もの言わぬひとびとは圧倒的な存在感を放っている。そしてその背後にあるドラマをいやおうなしに想像させる。どうしてこんなんなった？　どうやったらそうなった？　もの言わぬひとびとは、堂々と、無心にこちらを見つめるばかりである。もの言わぬひとびとは、じろじろ見ても文句を言わないので、思う存分その姿を見ることができる。濃い。ひたすら濃い。ニンゲンという生き物を新しく発見したような気分である。いや、生き物というよりも、その魂につかまえられて目が離せない。もの言わぬひとびとの中には、今ではその肉体を失った者もいるだろう。しかし、写真の中のその魂は永遠の力を携えている。いろんな顔のいろんな服をまとったもの言わぬひとびとを見ていると、姿かたちはそれぞれであっても、その奥にある、ヒカリ、というか、芯、というか、そのあたりはひとつである、と強く感じる。それはニンゲンの持つヒカリ、芯だと思う。だから、なんでその服なのか、なんでその髪型なのか、本当に疑問で、本当に興味深い。なにを見て、なにを感じて、どんな理由で、こんなんなったか。ニンゲンの趣味って、なんと複雑で面白いのだろう。

こんなふうに、ヒトをじろじろ見る機会は普段なかなかない。じろじろ見るのは失礼なこと、と、ニンゲン社会ではそうなっている。でも、写真を撮った鬼海弘雄さんがあとがきで「人が他人にもっと思いを馳せていたり、興味を持てば、功利的になる一方の社会の傾きが弛《ゆる》み、少しだけ生きやすくなるのではないか」というように、ヒトに目を向ける、という行為には、なにかを変えるきっかけが潜んでいるのかもしれない。

左目より右目の小さなホイちゃんは、今日ももの言わず、ズビズビしている。ものを聞くことは大事だけど、もの言わぬものに向けるまなざしの面白さ、大切さ、そして、その命のヒカリの存在を、猫と『ぺるそな』はしみじみと教えてくれる。

推薦人

井上陽水

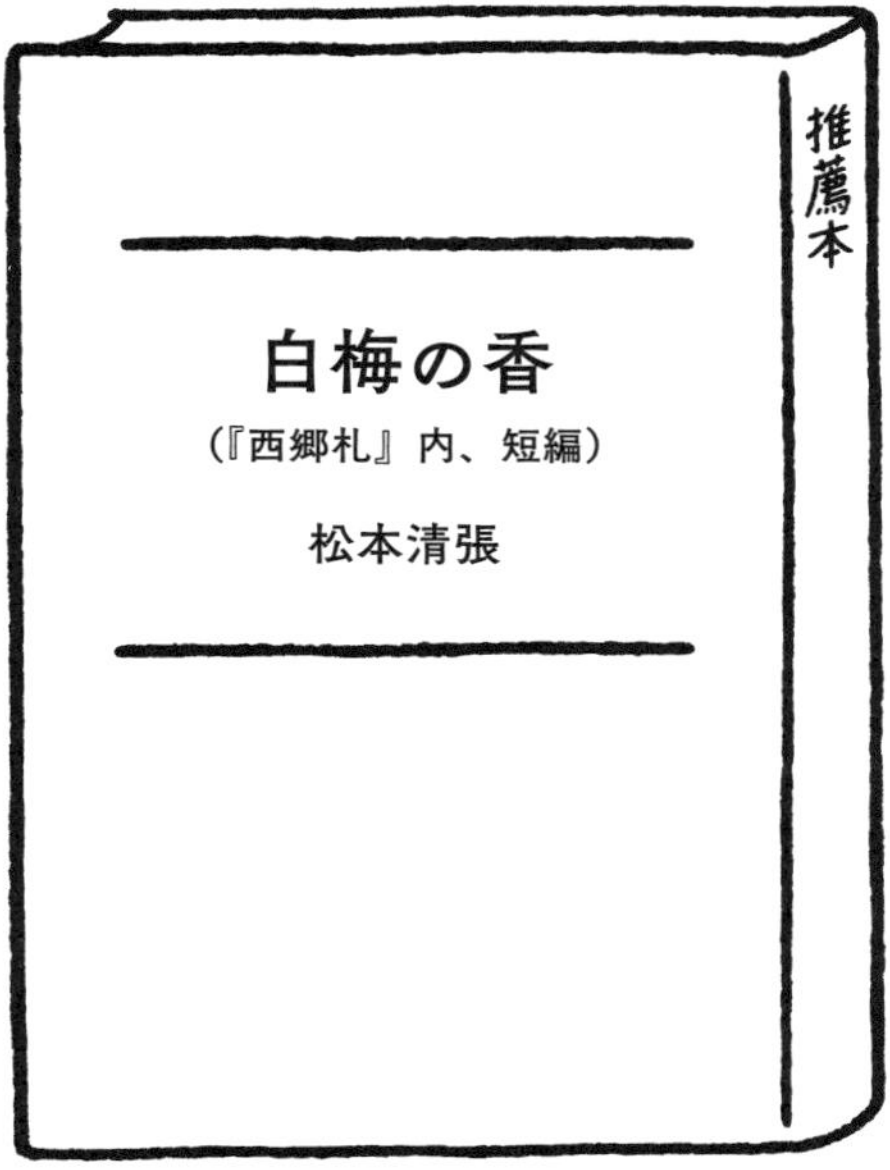

推薦コメント

小林聡美の世界に松本清張はあまりなじまないような気がする。
いくら聡明な聡美さんでも、
この唐突での「なじみのない世界」では
とにもかくにも、ひととおり目を通さないことには
対応が難しいのではないか。
ある程度、作品を理解しないことには
そもそもこの企画自体が成立しないのではないか。
それが、この企画の責任者、小林聡美の社会人としての義務である。
彼女がこの「白梅の香」から、何を感じとって我々の前に
提示してくれるのかが、とても楽しみである。

井上陽水（いのうえ ようすい）
１９４８年、福岡県生まれ。シンガーソングライター。69年にアンドレ・カンドレの名でデビュー。72年には井上陽水として再デビュー。73年リリース「氷の世界」は日本初のミリオンセラーアルバムに。その後、「夢の中へ」「いっそ セレナーデ」「リバーサイドホテル」「少年時代」などのヒット曲を世に送り出し、奥田民生との「ありがとう」など、他のアーティストとのコラボレーションも積極的に行う。近年はライブツアー、ＴＶ番組制作等、多方面で活動中。

清張を読む

井上陽水さんが懸念するように、私のこれまでの人生において、松本清張はあまりにもなじみのない世界だ。そもそも、ごくごく一般的なイメージの松本清張の世界は、私が一番苦手とする領域である。推理小説。サスペンス。ただでさえ心配事や不安の多い日常の生活の中で、なぜにわざわざまた違った不安や緊張感を味わいたいのか、まずその心理が理解できない。なるべく頭を悩まさずに、ぼーっと、ひたすらぼーっと暮らしたい私には、そういう趣味はまったく理解できないのである。そんなふうに、その方面の脳の発育がいまいちだった私は、極端に脳の活動が素直なので、カードゲームにおける作戦とか、オセロにおける策略とか、まったく立てることができない（ゲームがアナログすぎますね）。さらに、小説はもちろん、映画においてもいわゆる陰謀ものはかなりな危険領域。というかほぼ撃沈。陰謀には人手が必要らしく、登場人物がやたら多くて覚えられない。この脳の素直な発達は、自分の仕事にも支障をきたしているといえる。登場人物の多い台本、陰謀ものの台本は、ヒジョーに難解をきわめる。もちろん台詞《せりふ》もはいらない。こんなことエバっていうことでないし、本当に改善してゆきたい点のひとつであるが、ようするに、そこが私の急所である。そしてそこに切り込んでくる井上陽水。

『白梅の香』は時代小説でいいんでしょうか。松本清張の時代小説ですかっ。もひとつ付け足し忘れていたのは、推理小説、サスペンスとならんで、時代小説を読んだことがないということである。私のもうひとつの急所は、声も高らかに、そう、時代小説である。もちろん歴史小説も！　松本清張バンザイっ！

「享保十六年三月、亀井隠岐守茲久が一年の在国を了えて、参勤のために江戸に向かうことになった。」

ギリである。始まりからギリな感じである。

「亀井の領国は石州鹿足郡津和野である。中国山脈が西に果てるところの山に囲まれた盆地で、四万三千石という禄高も小さければ城下町も小さい。」

ん――。

苦手意識が先にたち、まだ内容という内容に入っていないのに、まったく情景が浮かばない。そこで、私は、声に出して読むことにした。この松本清張作「白梅の香」をＣＤブックに録音する、という設定で気合を入れて、朗読を開始した。

物語は、参勤のため江戸に向かう殿さまのお供で初めて江戸に上った眉目すぐれた若侍が、何度か通った芝居小屋で観客で来ていた女に見初められ、芝居茶屋の主の手引きでその女に会いにゆき、一夜を共にするのだが、そのひと晩中なんともいえない薫香が焚《た》かれていた。翌朝、支配頭に外泊を詫びにいくと、その帰りの廊下で江戸家老と出くわし、端に寄って腰をかがめ会釈をして家老の行き違うのを待ったが、家老は若侍の体からたちこめる香に気づき、それが〝白梅〟であることを確かめると……むむーっ、という具合である。

初めのほうこそ、情景を意識しながらの朗読であったが、読んでいるうちに、その文章の淡々とした調子が非常に心地よくなってきた。そして、物語の展開にかかわらず、その調子は安定して最後まで変わらない。不安、期待、快楽、失望、策略（！）が同じテンションである。そして、その同じテンションがゆえに、登場人物の心情や状況を隈なくすくうことができる。端正である。松本清張の作品はこれまで数々の映画やテレビドラマにされてきたが、この独特のテンションはやはり小説でしか味わうことができないということなのだろう。そして、私の朗読もなかなかいいできであった。録音しとけばよかった。

と、いままで休止状態だった脳の部分をフル活動させて、初めて読んだ松本清張。偉そうなことは何ひとつ言えないが、時代小説を楽しめたのは大いなる進歩である。それはもしかして、私の近年の落語だの俳句だのという趣味から時代小説的なボキャブラリーが蓄えられてきたことの成果かもしれない。そしてなにより初時代小説が、この「白梅の香」であったのはかなり幸運なことなのだろう。あとがきに「今から見ると幼稚なものだが、当時の思い出としてあえてここに収録することにした。」とあるように、松本清張がそんなふうに思っている作品を、私の脳みその発達を考慮して薦めてくださった井上陽水さんは、やっぱりとても優しいおかたである。薦めてくださるのが同文庫本収録の「戦国権謀」とかだったら、タイトルでもう泣いていた。ちゃんとわかってくださっているのである。今回の松本清張体験は、推理小説、サスペンスといったそれまでのイメージから一歩踏み込み、彼がどれだけの努力と才能でその世界を切り開いたか、ということを知るマジメな体験ともなった（あとがき・解説熟読！）。

北九州が誇る松本清張と井上陽水。二人に共通することは、作品におけるそのクールなテンションと本名が訓読み（きよはる・あきみ）であることも興味深い発見であった。

推薦人

林 聖子

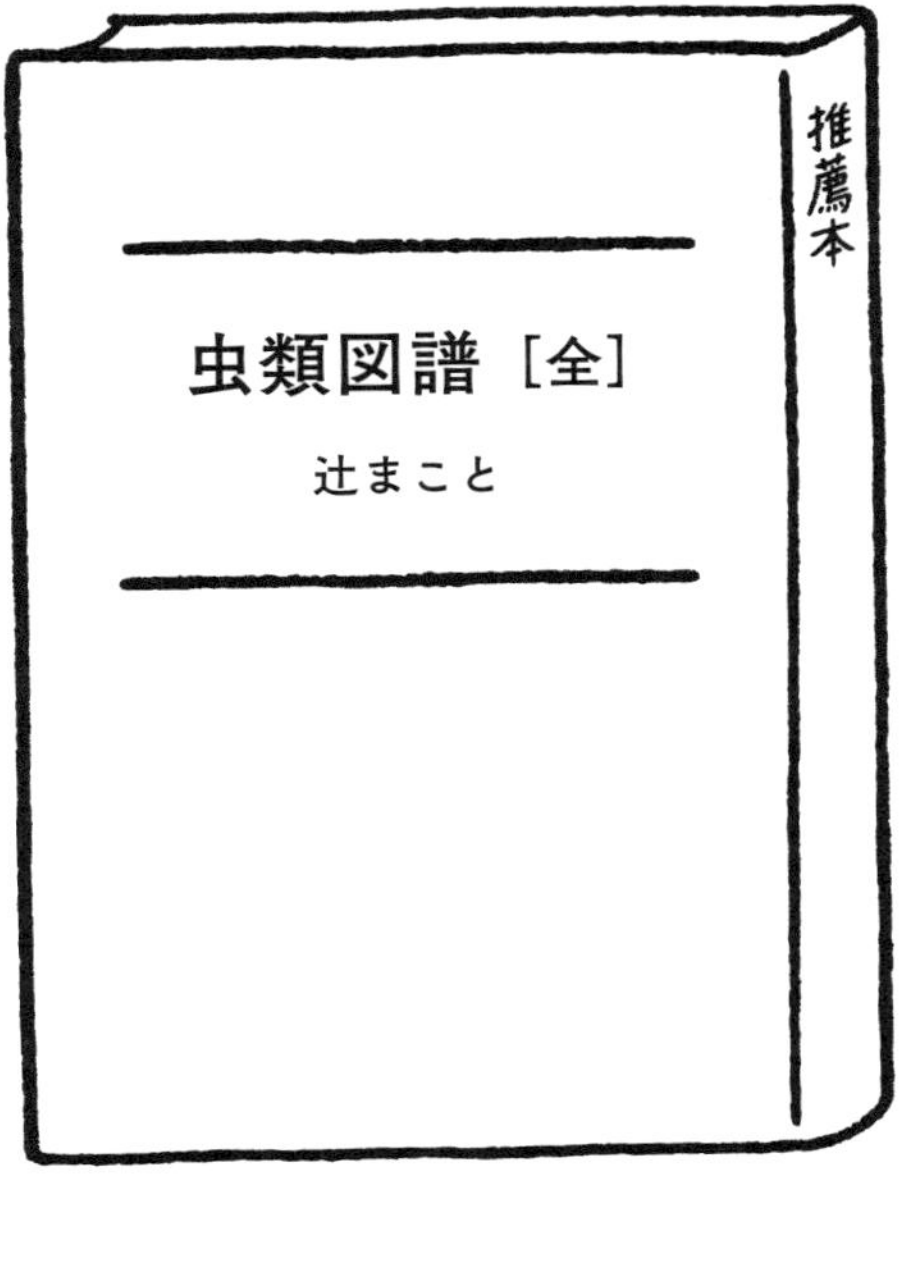

推薦コメント

辻まことは多才でしたが、どれも自分自身で身につけたものばかりです。アルペンスキーの名手でしたが映画を見たり原書を読んだりしてマスターしたし、画も師を持たなかった。豊富な思想も、『山の声』『山からの絵本』等々がありますが、『虫類図譜』をぜひ読んでいただきたいと思います。この本では世論、幸福、友情、ニュースなどが虫として登場します。例えば「幸福」という虫。「朝の歯ブラシにひそみ、晩の焼酎に住み、白昼の店頭に、清浄な田園山野にも住んで、いつでも人間の健康をむしばもうとしている。―省略―」。距離をもって世の中を眺める皮肉の少し交じった冷たい硬質な風刺、軽いユーモアを持った日本に稀なカルトゥーニストでした。

林 聖子（はやし せいこ）
東京・新宿にある文壇バー「風紋」を営む。出版社勤務、劇団所属を経て、１９６１年、風紋をオープンした。かつて、檀 一雄、中上健次、色川武大、埴谷雄高、井伏鱒二などの作家、新潮社、筑摩書房、平凡社などの出版関係者、美術関係者が集った伝説の店である。また、少女時代、太宰 治に可愛がられ、『メリイクリスマス』の登場人物「シヅエ子」のモデルとなったことでも知られる。

「友情」という虫は唯一素晴らしい、らしい

「虫類」の「図譜」というくらいだから、それはたくさんの虫が紹介されている。しかし紹介されているのが「虫」ゆえに、よっぽどの虫好きでないかぎり、その陳列された様を見てわくわくするのは難しい。というより、ページをめくればめくるほど、息が苦しくなり、心拍数はあがり、頭がシビれてくる。

辻まことという名前を初めて知った。一九一三年（大正二年）生まれということは、生きておられたら百歳デコボコ。詩人であり、画家であり、グラフィック・デザイナーというのが、一応の肩書のようだが、なにやらそれだけではないらしい。山に関する著書も多く、スキーやギターの名手でもあったようだ。グーグルで「辻まこと」の画像検索をしてみたら、晩年のお顔も日焼けしておられ色ツヤよく健康的な様子だが、若い頃のその危険なワイルドさったら！　そばによったら火傷をするぜ、と言わんばかりである。もう、ギラッギ

ラ。誰かに似ているなぁ、と必死で考えたら、それはピカソだった。

『虫類図譜』はとにかく、風刺でいっぱいだ。たぶん、風刺というのはある程度インテリジェンスがないと受け止められないもので、私が息苦しくなったり、心拍数が上がったりするのは、それが足りないからだということは読み始めて間もなく気がついたのであった。「虫」の「図譜」を見るのになぜインテリジェンスが必要かというと、それらの虫には「世論」だとか「幸福」だとか「組合」、「愛」「良識」「資本主義・共産主義」「メソード」といった名前がついており、その虫の姿は辻氏が創作したものであり、そのイラストにも解説にも、彼の思想や哲学がナミナミと反映されているからである。もちろん当時の世の中の風味もあるだろう。それらをひっくるめて受け止めるインテリジェンスがないと、これらの虫によって頭がシビれるという事態におそわれる。たとえば「科学」という虫。

「夢の情緒が美しい羽根を拡げて、軽々と空に舞上ったあとから、一匹の虫が懸命に塔を建てて跡を追う。それはまるで菌だ。相対的な力の配分でのび上り、その上に証明された床をつくる。それからまた対立する柱を構築してその上に床をつくる。情緒の羽根を眺める眼を持たないものにも、このバベルの塔はよく見える。」

とある。この虫の図もまた独創的でシビれる。こういう絵のことを〝カリカチュア〟というそうだ。そして、そのカリカチュアに添えられた短文から、辻は〝アフォリズム〟の思想家であったとされる。そしてそんな彼は日本では稀な〝カルトゥーニスト〟だったのである。もう初めて聞く横文字だらけでますます頭がシビれる。いちいち辞書をひくことになって大いに勉強になった。とにかく、この図譜は現在でも充分前衛であり、なおかつ〝クラシック〟であり、〝インテリジェント〟である。こんな発想と思考で大正から昭和の中頃まで生きた辻まことという人はどんな人だったのか。漠然と興味がわいて少し調べてみたら、なんでも、父は明治生まれの〝ダダイスト〟（でた横文字！）辻潤、そして母は婦人解放運動家の伊藤野枝ということであった。とにかく当時としては型破りな生き方をした両親のようである。辻まこと自身は三歳で母親と離れ、父親とともに放浪生活をし、父に連れられ十五歳から一年間パリに滞在したり、帰国してから出版社に勤めたり、新聞社の特派員になって天津に渡ったり、陸軍に入隊して米軍に抑留されたりして、三十四歳ころから現代詩の同人雑誌「歴程」に寄稿を始めるようになったそうだ。恋愛や結婚も年譜をみるかぎりリベラルな印象である。そんな彼が、一九五四年（昭和二九年）、四十一歳で連載を始めたというこの『虫類図譜』は戦後の世の中を痛烈に風刺している。そしてそれはきっと洒落ている。現代に重なる虫もいるようだし、時間の流れによって絶滅した虫（変態した虫？）もいるようだ。私の頭はこれらの虫でシビれっぱなしだったが、現在のぼんやりした世の中をぼんやり生きている人間は、辻まことのエネルギーにあてられっぱなしに違いない。頭がシビれたり、目がくらんだりしても、せめていくつかの横文字の意味くらい解明しなくては、ホントーに癪《しゃく》である。

推薦人

吉村俊祐

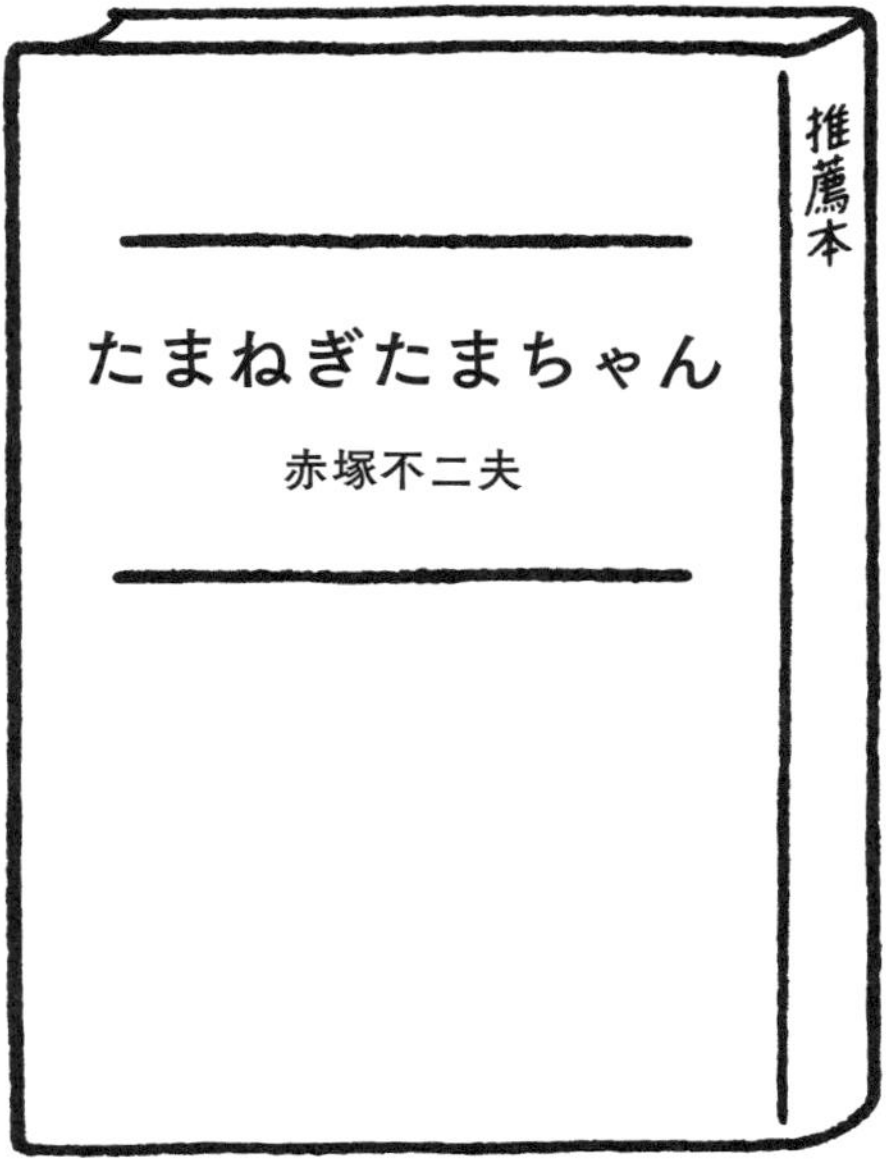

推薦コメント

ふとしたきっかけで、37年の時を経て本になった『たまねぎたまちゃん』が僕の手元にやってきました。赤塚不二夫先生は、『おそ松くん』や『天才バカボン』の作者なので、そのつもりで読み始めました。小学1年生を対象にした普通の日常を題材にしたお話なのですが、この本は、いわゆる赤塚ギャグが全く出てこないことに驚きました。そのなかで、友達や町の人達とのかかわりあいの大切さを丁寧に伝えてくれていると感じました。赤塚ワールドの別の一面という意味でお薦めします。そして、自宅に届いたDVD〝小林聡美.jp〟を開けてみると、そこには、さといもくんが……。

これでいいのだ。

吉村俊祐（よしむら しゅんすけ 別名ジミー）
「地味」をモットーにしている、満身創痍で受験を乗り越えた中学1年生。ゲームに漫画、レゴ、映画鑑賞が趣味の自然を愛するインドア派。幼少より、絵画、空手、水泳、HipHop、テニスなどに手を染めるものの、これといって芽は 出ず……。現在は、学校のソフトテニス部に所属し、受験で鈍った身体と精神を鍛錬する毎日（本業の方は何処吹く風か……）。２０１４年夏、憧れの米 Pixer 社と米 LUCASFILM 社の現場を実際に見学し、映画関係の仕事に携わるという将来の夢が、より一層膨らむ今日此頃です。

ありがたい不二夫汁

振り返ってみれば、もったいないことが人生ではいくつかある。その貴重さありがたさに当時はイマイチ気づかずなんとなくスルー。大阪の万博まで行ってなにした？　あんなに大切にしていた薬師丸ひろ子さんの写真集はどこへいった？　高三で初めてともだちとヨーロッパにバックパックで行ったとき、なぜ日記をつけなかった？　憧れのアノ人と一緒になったとき、どうしてもっときちんと話ができなかった？　等々。そして赤塚不二夫さんの世界もそのひとつである。

赤塚不二夫さんが大いにブレイクされたのは、日本の高度成長期、そしてそれは私の高度成長期とも重なる。正確に言えば、私の生まれる前からその才能はブレイクしておられたわけで、私の生まれた昭和四十年には、『おそ松くん』で小学館漫画賞を受賞されており、翌年にはそれがテレビアニメにもなっている。しかしよっぽど頭の冴えた子どもでないかぎり、一歳の頃の記憶があるわけなく、おまけに昭和四十一年、家にテレビがあったかどうかも定かでない。ゆえにアニメの『おそ松くん』を観た記憶はもっと大きくなってからのものである。あれは再放送だったのか？　いや、カラーになったニューバージョン？　あ夕方、学校から帰ると晩御飯の前にどこかの局でやっていたはずである。ああ、「はずである」だなんて。そう、まことに残念なことにさらにつまらないことに、私はアニメや漫画に夢中な子どもではなかった。だから、あの、漫画の天才、巨匠たちが大活躍した輝かしい昭和のその分野のカルチャーをあまりよく知らないのである。あー、もったいない。しかし、そんな私でさえも、赤塚不二夫の名前はそれこそ物心ついた頃から知っているというのはどういうことだろう。古い写真には、もちろん「シェー」のポーズを誰よりも上手にキメている小さな私が写っている。

赤塚不二夫ワールドをこよなく愛するニンゲンは、なにか「特別」感を漂わせている。赤塚漫画で育った。赤塚漫画に夢中な少年時代だった。そんな大人

は、もはやカッコいい大人ということになっている。漫画なんか読んでいると
バカになる、と親に言われたふた昔前の世代の大人たちは、立派な大人にな
り、彼らはたいてい赤塚漫画が大好きなはずなのだ。赤塚作品といえば『おそ
松くん』『ひみつのアッコちゃん』『もーれつア太郎』『天才バカボン』しか知
らない私（それもテレビアニメ）だが、ここは松本清張にならって、やはり、
漫画の赤塚作品が本物だと思う。それらは今でも読むことはできるが、時代を
リアルに感じながら赤塚漫画を読んできたニンゲンとは、不二夫汁の吸収率が
話にならないと思う。うらやましいかぎりである。
『たまねぎたまちゃん』は昭和四十二年「小学一年生」で連載が始まったそう
である。子どもたちが野菜を好きになってくれるようにと、登場人物は「とま
とちゃん」「ぼけなすくん」「きゅうりのきゅうすけくん」「さといもくん」「と
うがらしのとんかりくん」といったように野菜のキャラクターになっている。
正統な赤塚ファンに言わせると、『たまねぎたまちゃん』は赤塚ワールド独特
の〝毒性〟はかなり抑えられているらしい。しかし、免疫のない私からみれ

ば、これでも充分シュールで毒が効いている印象である。いじめっ子のとんかりくんのいじわるっぷりと、それを懲らしめるたまちゃんたちの活躍には毎回笑っちゃいながら胸のすく思いがするが、ごみの不法投棄をする大人のカブの二人組を懲らしめるのに、どうするのかと思ったら、たまちゃんたちは、カブの二人をおびきよせ、大仕掛けで大きな樽に入れると、その上から塩をまぶして蓋をし、大きな重石をのせて、漬物にして懲らしめる、というなんともシュールな展開。漬かりすぎたカブたちは、すっかりよぼよぼになって、もう悪さはできないのであった……。

『たまねぎたまちゃん』の時代は、リアルに私の成長していた時代である（まだ赤ちゃんだが）。残念なことに自分の周りの世界の記憶はさだかでないが、野菜のキャラクターたちは富士山の大きく見える村で、元気ハツラツ、のびのび暮らしている。遊ぶおもちゃも充分で、とんかつとか美味しいものが普通に食べられて、クリスマス会なんかもあって、大人たちも適当に間抜けだけど頼りになって、楽しいことが家の外にたくさんあった。なんだか自由だなあ、と、たまちゃんたちの暮らしを見て思う。赤塚不二夫の得意とするギャグ漫画とはたしかに勝手は違うかもしれないが、いずれにせよ、そのシュールで毒っ気のあるほのぼのと自由な世界に触れて育ったニンゲンは、どうやら特別な大人に成長する仕掛けらしい。だから、この本を面白い！と思って私に推薦してくれたジミーくんの将来は、かなり期待できる。どんどん赤塚漫画を読んで、ちょっと特別な大人になって、日本の将来を輝くものにしていただきたい！よろしくっ！

推薦人

よしもとばなな

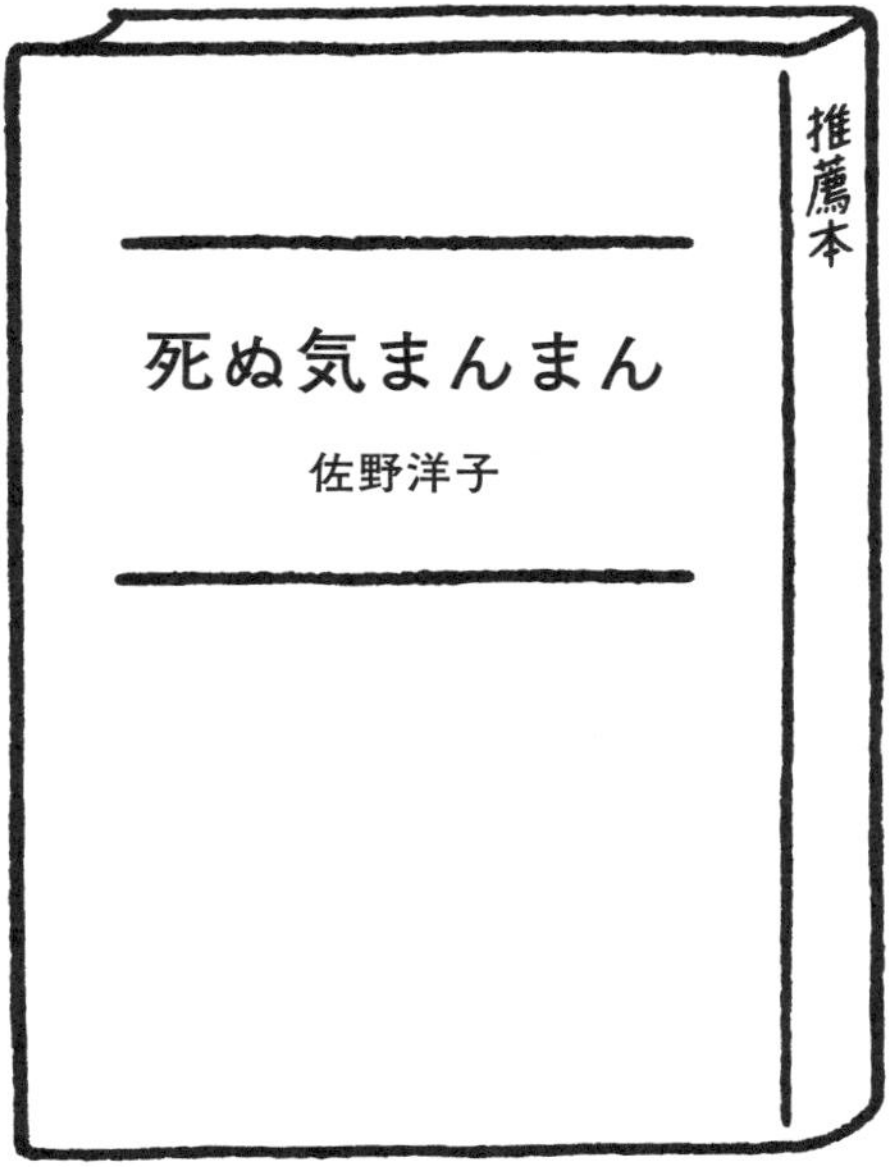

推薦コメント

縁起でもない内容の本ですが、中年以降すべての女性が読んだほうがいいと思う、すばらしい文章です。いろんなことをちゃんと考えさせられるのに本気で笑ってしまうところもあり…！ おすすめします。

よしもとばなな
１９６４年、東京生まれ。日本大学藝術学部文芸学科卒業。87年小説『キッチン』で第６回海燕新人文学賞を受賞しデビュー。著作は30か国以上で翻訳出版されている。近著に『スナックちどり』（文藝春秋社）、『花のベッドでひるねして』（毎日新聞社）、『鳥たち』（集英社）などがある。

元気にのん気に死ぬ方法

私は今、元気溌剌である。深刻な病気もないし、深刻な悩みもない。見た目はそれなりに老けてはきているが、様々な加齢を受け止める気力もまだある。若いときにぼんやり想像していた、おばちゃんの不自由さは私の身の上にはまだ起こっていない。本当にありがたいことである。

そうかといって重箱の隅をつついてみれば、「目が落ちくぼんできた」とか「歯の隙間にモノが挟まる」とか「なんとなく全体的に垂れ気味」とか、二十代、三十代とは違った自分をいくらでも確認できる。最近ちらほら白髪も発見されるようになった。これはなんだか大人っぽくて気に入っている。それが先日撮影の支度をしているとき、優しいヘアメイクの男性に、白髪があることを私に気おくれさせないようにと、メイクをしながらの他愛もないおしゃべりの合間にさりげなく数本（！）、毛抜きで抜かれたのには、その気遣いにちょっと胸が痛んだ。

こんなふうに、目が落ちくぼみ、歯に隙間ができ、なんとなく全体的に垂れてきて、気を遣われながら白髪を数本そっと抜かれようとも、そんなことはたいしたことではない。だって年とったんだもん、という図々しい私に、佐野洋子さんの『死ぬ気まんまん』は、さらなるはっぱをかけた。それは「もうすぐ死ぬ」という意識。そう、普通だったらまだ少し先のはずだけれど、私だってそのうち死ぬのだ。どうせ死ぬならできるだけのん気に死にたい。

闘病記が嫌いだという佐野さんの文章は、始終元気だ。でも、もうすぐ死ぬのである。乳癌を患い、頭を開いてガンマナイフで脳みそを引っ掻き回されたような感じがしたという手術をし、毎週「なんだかよくわからないけど免疫を上げるみたいな点滴」に通う、など、その病気とのかかわりは相当ダイナミックである。胃カメラはおろか大きな病気をしたことのない私には、えらく難儀に思える出来事を、大根おろしで指も一緒におろしちゃってー、くらいに、フツウに書いていているのである。描かれている佐野さんの日常は、妙におセンチでなく、社会批判もまっとうだ。

佐野さんの文章を読んでいると、精神とはまた別のところで、カラダはおしまいに向かってゆくのだなぁ、としみじみと思う。

私の最高齢の友人は八十三歳である。彼女とのメールのやりとりは、年齢の差を全く感じない。私の知らない作家や芸術家についての話を聞くときなどは、さすが先輩、博識！などと感動するが、彼女の感性や柔軟性、そして好奇心は、私の中のそれらを充分感応させるものである。「さとちゃん、ひとのカラダって不思議よ。朝起きたら、なんだか白目がビロビロになっててよく見えなくなっちゃって、ビックリして病院に行ったの」なんて、老いに対してもおちゃめで客観的だ。最高齢の友人の精神の潑剌さもそうだが、死ぬ気まんまんな佐野さんの文章も、瑞々《みずみず》しく知的で正直で潔い。こんな感性のまま、人はみな年を重ねていくのだとしたら、世の中の老人たちみんなと、膝をつきあわせてお茶をのみながら、ゆっくり話をしてみたいと思ってしまう。「お茶なんてババくさいこと言わないでよ、コーヒーよコーヒー、ここ煙草吸えるの？」なんて声も聞こえてきそうだ。

当時七十歳の佐野さんは「今が生涯で一番幸せだと思う」ときっぱりと述べておられる。「思い残すことは何もない」のだそうである。僭越《せんえつ》ながら、五十年近く生きてきた私にも、そんな感覚がなんとなくわかるようになってきた。今が一番幸せかと聞かれたら、そんな気もするし、さすがに四十八歳は死ぬにはまだ早いとは思うけれど、思い残すことはあるか、と聞かれたら、いいやない、飼っている猫のことくらいだ。なにを若造が、と佐野さんに鼻で笑われそうだが、これまでの人生はそれなりにいい人生だったと納得している。その当時は「ありえない！」という出来事や想いがあったとしても、それらがあったからこそ、今が幸せだと実感できるのだと思う。我慢できないくらい欲しいモノも、ない。しかし、ふと、健康でさえあればいい、と思っている自分に気づく。それは私がおそらく、無意識に生きる気まんまんな証拠である。そして、この、生きる気まんまんが自分の思いどおりにならないとき、ひとは、老いや病と向き合うことになり、それを受け止めるのに戸惑いや不安を感じるのである。

死ぬ気まんまんな佐野さんは、元気にのん気に死ぬ時を待っている。そしてのん気に死ぬには、強さと賢さがなくてはならない、ということを佐野さんは教えてくれる。思い残すことはないなんて言っている私に、これからものすごい試練や苦難が待ち受けていて、思い残すことだらけになるかもしれない。そんなとき、それらを受け入れたり、乗り越えたりする強さと賢さ＝のん気が、私にあるだろうか。しかし、ひとまずは、いかなるときも思い残すことがないような、そんな日々をおくるべし、とフンドシを締めなおした次第である。

〜スペシャル対談〜

よしもとばなな
×
小林聡美

本から始まる
生きる気まんまん！な話

小林聡美さんヘアメイク／北 一騎
よしもとばななさんヘアメイク／市川土筆

「節目の年代」を迎えて

小林聡美（以下、小林）　よしもとさんとは、こうしてお話しするのは初めてですね。でも、これまで実はいろいろなところですれ違ってはいますよね?

よしもとばなな（以下、よしもと）　スズナリ（東京・下北沢にある小劇場）とかですよね（笑）。ハッ、小林聡美さん…、と思いながら、会釈くらいはして。

小林　そんな感じでしたね。

よしもと　だけど、以前、私が聡美さんの本（『マダム小林の優雅な生活』）の解説文を書いたときに、ご丁寧に御礼のお手紙をいただいたんです。そのときの小林さんのご住所が、私の家のすごく近くで。だから、バッタリお会いするかも?と思ってはいたんですが、意外と会いませんでしたね。

小林　以前も近かったんですか。でもね、多分、今も近所だと思うんですよ。私、今、×××に住んでいるので。

よしもと　えっ、近いじゃん（笑）。もしかして、あのビストロの近くですか？

小林　そうです、そうです。え、あの辺りまで来ますか？

よしもと　行きますね。あの近くの焼き鳥屋とかよく行きます。すごくおいしいので、よかったら行ってみてください。

小林　いいですね。でも本当に近い。近いことは知っていたから、よしもとさんのエッセイを読んでいると、あの店のことかなあ、とか考えてました（笑）。

よしもと　住まいが近いのになかなか会わない。そんな関係だったんですね（笑）。

小林　そうなんですねぇ。そんなのもあって、連載第一回目の『読まされ図書室』で、本の推薦をお願いしたんですね。編集部から依頼があったとき、まず何をお考えになりました？

よしもと　私、大林世代ですからね（笑）。大林宣彦先生。

小林　大林世代（笑）そんな言い方あるんですか（笑）？

よしもと　だって、私、映画館に『廃市』（一九八四年）観に行きましたもん。そういう感じだから、大林作品に出演している小林さんとは、ずっと一緒に育ってきたような感覚があって。私自身もちょうど節目の年代だから、一緒かなと思って。

小林　やっぱり節目の年代ですかねえ。

よしもと　そう。これからどう生きようかな?というよりは、むしろどうやって終わっていこうかな?に差し掛かる年代。そういうテーマの本は、なんか悲しすぎるな、という本が多いけれど、佐野さんの『死ぬ気まんまん』はそうではなくて。わりとすぐに、これだ!と決めました。

死との向き合い方を考える

小林　『死ぬ気まんまん』は、よしもとさんはいつ頃読んだんですか?

よしもと　文庫になる前に読んで、そのときも「ああ、やっぱ、なんかいいな佐野さん」って思って。佐野さんとは、二、三度会ったことがあるんです。

小林　対談をされたんですか？

よしもと　はい。そのとき印象的だったのが、これ、もう亡くなってるから言ってもいいと思うんだけど、一回目のときは調子を崩してらしたみたいで。「ちょっと昨日睡眠薬飲み過ぎて、アハハー」みたいな感じでいらしたの（笑）。それで対談にならなくって。そうしたら「お茶しに行こうよ！」って誘ってくださって、お茶しに行ったんです。そしたら、そこに谷川（俊太郎）先生が迎えにいらっしゃった。

小林　へーっ。すごい（笑）。じゃあ、だいぶ前ですか？

よしもと　そうそう。まだその頃は一緒に暮らしていらして。「君、大丈夫だったか？」って迎えに来て。なんだかすごくいいもの見たと思いながら帰ったんですけどね。

小林　レアな思い出ですね。

よしもと　その次に会ったときには、対談したことを忘れてて、「え、私たち、会った？」って。だから、佐野さんのちょっとおっとりした感じと、ガツッとくる感じ、その両面を見たから、妙にこの本が心に入ってきたのもあるんですね。

小林　じゃあ、これを読んでも、まったく知らない人のことじゃない感覚でしょうね。だいぶせつなかったんじゃないですか？

よしもと　うーん。病気がわかった途端、もう昨日までの自分とは違うから、って変わってしまう人が多いじゃないですか？　だけど佐野さんは、あまり変わらないまま、自分を保ったまま去っていかれたので、妙に励まされたんです。

小林　私は佐野さんのエッセイを前にいくつか読んだことがあって、年齢的にはもうお婆ちゃんと言っていいのかもしれないけれど、なんか豪快な気持ちのいいエッセイを書く方だなと思っていたんですね。よしもとさんが『死ぬ気まんまん』を推薦してくださったと聞いて、わっ！　来た、佐野さん！って嬉しかったです。佐野さんが死を覚悟しながら書いた本って相当迫力あるんだろうなど楽しみに読み始めました。よしもとさんも推薦文で「節目の年だから」と書いてくださっていましたが、ああ、確かにね、もうそういうことを考えながらこれからは生きるんだなって、しみじみと自分の年齢を考えたりしました。

よしもと　ちょうど親の介護だったり死だったり、そういうことにも直面する年頃ですよね。死について考えるとき、いろいろな意味でこういう感じだといいな、って。

小林　佐野さんみたいに死と向き合えたらいいなと思うけど、こういう強さってどうしたら保てるというか、出てくるんでしょうね？　性格なんですかね？

よしもと　そうですね、割り切りというかね。どうやって出てくるんでしょうね。私も、自分はこうは行かないとわかってはいるんですけど。

小林　よしもとさんは、ご両親を看取られましたよね。やっぱり自分の中で何か変わりますか？

よしもと　最期まで責任持たなきゃと思ってたので、「肩の荷が下りた」と言っては言葉が悪いですけど、そういう気持ちもありました。あとは、自分の時間だな、という感じでしょうか。そんなふうには思えるようにはなりましたけど。

小林　これからそういうことが来るんですよね、私にも。

よしもと　でも思い返せば、亡くなる前の、これはいよいよだな、っていう一～二年が一番つらかったですね。みんながポックリ死にたいって言う意味がわかりました。全員が常にちょっと重たい気持ちなんですよ。

小林　自分の死としてはどうですか？　『死ぬ気まんまん』で佐野さんは、やり残したこと、思い残すことはないと書いていますね。私も最近、その気持ちがちょっとわかるような気がしているんですけど、よしもとさんはその辺はいかがですか？　お子さんがまだ小さいですし…。作品をもっと書きたいとかありますか。

よしもと　子どもは育ったら勝手にやっていけますが、親は死にそうになってからは、勝手にやっていくというわけにはいかない。大きな違いですよね。そして、作品をもっと書きたいというのは…、もともとないんです（笑）。それに、あまりにも親がコツコツと死んでいったからね。ある日心臓が止まって、とか、脳卒中で、とかのポックリ系ではなく、コツコツ型だったので（笑）、それをずっと見ていたら、自分も一回終わったような錯覚をしちゃって。今は、あれ？　まだ案外自分若い、みたいな感じで、まだビックリしてるというか。あれ？今日も生きてる、みたいな、オマケの時間のような感覚なんです。

小林　そうなんですね。それは経験しないと感じられない感覚かもしれないですね。

やっぱり盛り上がる、健康ネタ

よしもと　小林さんのエッセイで、最近調子がよくてしょうがない、今になって意外にバランスのいいとこ見つけたかなと書いてらしたでしょ？　あれよくわかります。

小林　わかっていただけますか（笑）。

よしもと　多分、若いとき働き過ぎたんじゃないですか、私たち。私は二十代でデビューですが、小林さんは十代。だって学校に行ってるとき見てたもん、小林さんの映画。

小林　そうなんですよね。芸歴が無駄に長いんです、私の場合（笑）。それでもうすぐ50歳なんですけど、精神的にも肉体的にもあんまり変わった気はしないですね。老眼になってきたくらい。親も元気だし、子どもも産んでいない。あんまり自分の時間が変わってないんですよねぇ。だから、ホントこのままでお婆ちゃんになるのかなって、そういう〝漠然と感〟が逆に不安というのはありますね。大きく変わるタイミングが全然こないというか。まあ、それも私だし、だから別にどうなりたいとか思わないんですけど…。

よしもと　でも、他の人が代われない位置にいるんですから。この役はこの人しかできない、というポジションを確立されてるから。やり続けてもらわねば。

小林　いやいや、そんなことないですよ。

よしもと　いいんです、今のまま、何もしなくて。って、周りは思っていますよ。

小林　ありがとうございます（笑）。

よしもと　最近、『タッピング入門―シンプルになった〈TFT&EFT〉』（ロベルタ・テムズ著、浅田仁子訳／春秋社）という、いろいろなところをトントントンと叩くとやたらめったら調子がよくなるっていう本を読んだんですけど。

小林　叩くといいんですか？　ツボみたいなもの？

よしもと　ツボみたいなものですね。ツボを叩いて心の問題も解決する。外国の人たちが大真面目に研究してるんです。そしたら、これがホントにいいんです。こうやって、手だとここなんですけど、トントンと。

小林　実践してみたんですね？　アハハハ、見てるみんなが叩き始めました（笑）。

よしもと　感情とか溜まったものがいちいち解放されるらしいんですけど、やってみたら、本当に「今日肩こりがないわ」という。お薦めですよ。

小林　なるほど〜。健康本、いいですよね。私は最近全然読まなくなりましたけど、30代の頃は健康について考えることが多くて。最近は、健康本に惑わされなくても、別に平気と思ってれば平気、と思うようになっちゃったんでしょうね。

よしもと　ありますね。

小林　三十代は、二十代と違ってくるから、それにびっくりして、健康でいなきゃいけないんじゃないかと思って。四十代になると、これでちゃんと生きているし、まあいいんじゃないかなと。運動もやらなきゃいけないと思いながらやってないし、サプリメント飲んだりだとかそういうことも全然してない。このまま行けるところまで行ってやろうかなと思ってます（笑）。

よしもと　私は身体が弱くて。身体が弱くて、我慢がきかないのね。

小林　身体の我慢ですか？　性格的な我慢？

よしもと　いろんな我慢。性格的にも身体も。嫌なことをすると、にわかに病気になるんですよ。子どもの幼稚園時代、お弁当を毎日作らなきゃいけなくて、そのときは今までで一番つらかったですね。明日、飛行機に乗るから五時に起きなきゃ、というのは全然いいんですけど、毎日規則正しく起きるというのは苦行…。だから、その早起きをしてる期間は、過去最低の体調だったから、いろいろなことを試しました。

小林　それ、イヤだなって思いながら起きてるからですよね。きっと。

よしもと　そう、もう絶対イヤって思いながら起きてるもん（笑）。自分が好きでする早起きならいいんでしょうけど。しかも、子どもが「おはよー！」って起きてくれれば私も起こしがいがありますけど、「起きたくない…」とか言って白目むいて車に乗るわけですよ。死刑執行人みたいな気持ちで毎日暮らしてるから、本当につらかった（笑）。

小林　それは憂鬱～（笑）。

よしもと　健康を保つ方法を考えながら、なんとかお弁当作りはまっとうしましたが。

いくつになっても初めてのことは面白い

小林　著書を拝読しても思いますが、よしもとさんは、健康方面に明るいお友だちがたくさんいますよね。
よしもと　家に帰ればまずいるという夫も、そうですからね。
小林　そうですよね。ご主人のお仕事はロルフィングでしたよね。
よしもと　そう。スポーツ選手とかダンサーとか、身体を酷使する職業の方や、交通事故で大手術をした方などの身体を調整するような仕事です。
小林　じゃあ、ご主人や、ご主人の知り合いの健康関係の人にも健康法について聞いたりします？
よしもと　いや、彼らの話は、健康過ぎてレベルが高過ぎて聞いてられないから、遠巻きに眺めています（笑）。

小林　そういえば、フラはまだ続けてるんですか？

よしもと　フラは、ちょっと休んでいて。今、ボクシングをうっすらやってるの。

小林　えー！　ボクシング！　実際やってみるとあれって、やっぱり格闘技ですか？

よしもと　格闘技ですね。

小林　闘争心というか、クソーッ！打ってやれー！みたいな気持ちになるんですか？

よしもと　サンドバッグを打ってると湧いてきたりするかも。楽しいですよ。あんまり力は使わないような気がする。私、フラでも、味噌っかすというポジションでやっていたけど、ボクシングはもっとすごくて。もうみんなを微笑ませて、和ませて（笑）。

小林　ホントですか？　えー、おもしろーい。よしもとさんは具体的に試合に出たりしているわけじゃないですよね？

よしもと　ミット打ちだけです。

小林　縄跳びとかは？

よしもと　やってます。

小林　えー！　じゃ、本格的じゃないですか?!

よしもと　でも、他の人の縄跳びと私の縄跳び、なんか違うんですよ（笑）。私だけ百倍くらい縄が遅いうえに片足で飛んでないみたいな。縄跳びを三分やるのって地獄ですよ、地獄。なんか靴紐を直すふりして休んだりしてます（笑）。誰も見てないのに。

小林　なんでボクシングだったんですか？

よしもと　マンガがきっかけで。まず『アイアムアヒーロー』（花沢健吾／小学館　※ゾンビ化し食人鬼と化す奇病が蔓延し、人々がパニックに陥るストーリー）というマンガを読みまして。「やっぱり有事の際に何もできないのはダメだな」って思ったんですね（笑）。そのあと、同じ作者の描いたボクシングのマンガ『ボーイズ・オン・ザ・ラン』を一挙に全部読んだの。読み終わって高いテンションで街を歩いていたら、ボクシングジムがあったんですよ。思わず勢いで「見学してもいいですか？」と言って。そしたら、受付のお婆ちゃんが「ぜひいらして！」と。で、ボクシングを始めちゃったという。一応、対談のテーマに沿って、途中でマンガの話を挟んでみました（笑）。

ベッドの脇に本が積んであると彼氏ができない!?

小林　『読まされ～』の企画で、普段は自分では選ばないような本を読んだんですが、なんでこれを私に薦めてくれた？（笑）というところも含めて、おもしろかったですね。その中で人に薦めた本もありますよ。

よしもと　『股間若衆』（P127）とか（笑）。

小林　（笑）『股間若衆』は誰に薦めたらいいかわからないので薦めてないんで

すけど、『十皿の料理』（P7）とか、『きのこ文学名作選』（P13）とか、「この人こういうの好きそうだな」って思ったら、おもしろいよって言って渡しちゃったりしましたね。

よしもと　逆に薦められてイラッとすることない？

小林　あるある。なんでこれを私に読ませたいわけ？って（笑）。私、最近、イラッときたのが、片付け指南の本。

よしもと　ああ、いろいろな片付けの本、ありますよね。

小林　それ読んでちょっとイラッときて。なんでアンタに言われなきゃなんないの、と（笑）。その本は人にあげました。ちょっとイラッとくるかもしれないけど、とひと言添えて。私にくれた人も「イラッとするかもしれないけど」と前置きがあったんです（笑）。

よしもと　私もこの間、外国の人が書いた断捨離みたいな本を読んでたら、「ベッドの脇に本がある人は本が恋人だから、なかなか彼氏ができない」とか書いてあって。そうだろうな、と妙に納得しました（笑）。まあ、別に彼氏が作りたいわけじゃないしいいやと、そのまま積んでありますけど。

小林　私も積んでありますよ～（笑）。それは男性もっていうことですか？

よしもと　そうみたいです。遊びに行って本がいっぱい積んであったら、あんまりやる気ないな、と思ったほうがいいかもしれないですね。

小林　アハハ。でも、本が好きな人って絶対寝室にありますよね。寝る前にちょっと読みたいですもん。

よしもと　寝る前には読みたいですよね。今日は一日忙しかった、一行でもいいから読んでやる！みたいな感じ。習慣というかもう…ねぇ。ただ読みたいんですよ、常に。

小林　そうそう。読みたいものがいっぱいあるから、寝る前に長い時間はとれなくても、ちょっとでもいいから読みたいんです。本読みながら寝ちゃったりします？

よしもと　よくありますよ。

小林　私は全然ないんです（笑）。さっ、今日はここまで、ってパタンと。

よしもと　きっちりしてる。さすが（笑）。

小林　小さい頃、好きだった本ってどんなのですか？　私は伝記シリーズでした。シリーズ一巻めが湯川秀樹さんでした。そして、ヘレン・ケラーとかキュリー夫人。

よしもと　野口英世。

小林　エジソンとか。

よしもと　今の子どもの伝記シリーズは、手塚治虫とかスティーブ・ジョブズとかなんですよ。時代は変わってる。私のときには、その人たちバリバリ生きてたー！と思いましたよ。

小林　どんどん変わっていくんですね。読み続けなければ。伝記シリーズ。

よしもと　私が小学校低学年くらいの頃によく読んだのは、シャーロック・ホームズですかね。たまたま家に全巻あったんですよ。

小林　そういうミステリー系のものって楽しいんですか？

よしもと　楽しいというか、文体は好きです。「水が何リットル抜けたから建物がちょっと下がった」とかいう謎解きはよくわからないんです。わからないから、何回もメモったりして。わかったのは、『まだらの紐』くらいですかね…。

小林　メモったりしてたんですか。マジメ！　ぶ厚いですよね、あのシリーズ。

よしもと　でも、字が大きかったし、一冊に二話くらいしか入ってなかったのかな？　それがズラーっとあったので、コツコツ読んでいくのがすごく好きでした。

小林　最近、特に思うんですが、私が若いときから、よしもとさんは書かれているじゃないですか。二十代の頃から。そういう人たちが大人になって書いてるものを、一緒に年をとりながら読めるのは、楽しいですね。同じ世代の、昔から読んでる作家さんの本を読むと、やっぱりいろんな人生を経験して考え方も深くなっている。だから同世代の作家さんの本を読むことは、新たなおもしろみがあるなと感じています。

今まで読んだことのない本にハマってみるのも一興

小林　最近はどんなジャンルの本を読まれますか？

よしもと　最近おもしろいなと思ったのは、「なんにもしなくてもどんどんお金が入ってくる」みたいな感じの本（笑）。あまりにも極端なことが書いてあるから愉快で愉快で。読んでるだけで気が大きくなってきますもん。アメリカ人て、つくづくおもしろいなと思って読んでます（笑）。

小林　へー、その読書の方向性がおもしろいですね（笑）。

よしもと　枕元だけ景気がいい状態。あと、何かに四十八時間以内にトライアルすると、それが本当になるという本（『こうして、思考は現実になる』パム・

グラウト著／サンマーク出版）。今、流行ってるみたいですけど、これも景気がいい話でいっぱいなの。
小林　四十八時間以内に何かに挑戦するって、例えばどんなことですか？
よしもと　例えば、何でもいいんですけど、何々を食べたいなぁ、とかそういうのでもいいですし、「それを紙に書いて四十八時間経ったら近づいて来てるから見てみなさい」ということが書いてあるの。それがやってみると、案外叶うんですよ。「ノートに書け」とあるので書いているんですけど、そのノートをうちの息子に「デスノート」とか呼ばれていて（笑）。逆だよーって。（一同爆笑）
小林　なんでそういう本を読んでみようと思ったんですか？
よしもと　この間、本田健さんの講演会にゲストで出たんですね。本田健さんて、『ユダヤ人大富豪の教え』などのビジネス書を書いていらっしゃる作家さんです。その講演会では、いつも自分が相手にしている人たちと全く違う人たちが聴衆としていたわけです。講演会が終わったら、みなさん名刺を持って挨拶に来てくださる。それが見たこともない名刺なの。名刺の中に、自分の写真と、著書名、思っていること、叶えたい夢などが書いてある。そんな情報量の多い名刺をいただきまして、こんな世界があるんだと驚いたんですね。

小林　えー、すごいなあ。その名刺は何かに則ってということなんですか？

よしもと　きっと元ネタはあるんでしょうね。みんながそうだったんだもの。一番したいことをしてるときの自分の写真が名刺にバーン、と。私の講演会では「質問ありませんか？」と聞いてもシーンとしているお嬢さんたちが多いですから、こんな積極的な人たち見たことない！とびっくりしました。それをきっかけに、そのタイプの本を読むようになったんです。

小林　景気のいい読書傾向。それこそ、読んだことのないジャンルですよね。

よしもと　「こうすればお金がどんどん入ってくる」というタイプの本って、アメリカで売れたものの翻訳本が多いんですが、そもそもアメリカって日本とは金利が違うでしょ？　今はだいぶ下がっていますが、前は預けるだけでただ増えてく時代があったんですよね。そういう時代に書かれたものは、また全然役に立たなくて。それがまたいいの。わかんないけど、ただただ景気がいい（笑）。

小林　贅沢で優雅な時間ですね（笑）。寝る前に読めばいい夢見れそうですね。

よしもと　ぜひ。お薦めですよ。

演じる「舞台裏」にあるもの

よしもと　私、今度の小説で、女優さんの卵を書いたんです。書きながら、演じるって本当に大変だなあと思っていました。一人称だから、いかにも芝居ができる人のように書かなきゃいけないけど…。

小林　どなたかに取材したんですか？

よしもと　うっすら取材もしました。それで、こりゃ大変だなあ、って。だって、ある瞬間、全員の視線が注がれるわけでしょ？　そのことって意識したりしてますか？　それとも演じているときはもうあんまり考えてないとか？

小林　いや、考えないようにはしますけどね。でもやっぱり、見られているという意識はありますよね。でも、それも慣れですよね。

よしもと　そうですか。

小林　うん。しょうがないですよね。気にしてたらできないし。全く気にならない人もいるでしょうし、その見られてるって意識するのが好きな人もいるかもしれないしね。私はなんというか…、責任感でやってる感じ（笑）。ここで頑張らなくちゃみたいな。よしもとさんは女優さんの卵を一人称で書いてるときは、やっぱり女優気分になってますか？

よしもと　ならないし、なれない！（笑）しいて言えば、フラとか踊っているときは、女優気分かもしれない。みんなの真ん前で、ひとりでちょっと踊ってみてください、と言われたりするから、ギョエー！みたいな。でも、演じるのって、そのギョエー！を押し殺すときの気持ちにちょっと似てるのかな？

小林　そうですよ。一緒ですよ。

よしもと　ある状態に入っちゃえば何でもやれる！という感じなのかな。

小林　そうかもしれないですね。

よしもと　女優さんってお会いすると思うんですが、小林さんもそうですけど、その人の世界をグッと作りますよね。ふとした瞬間にその人の周りに空間を作っちゃうというか。これこそがプロの力なんだわ、と感じます。

小林　自分はどうだかわかりませんけど、空気を作る方はいますよね。人前で演じることって、好きで好きで仕方ないという人もいるかもしれないけど、たいていは恥ずかしいし大変だと思う。講演もそうじゃありません？

よしもと　講演は、自分のお客さんだけだったらそんなに緊張しないですけど。他の人の講演会にゲストとして登壇とか、アウェイ感のあるところだと、ちょっとドキドキしますよね。自分のお客さんだけだったら、まぁ、責任取れるなと思います。

小林　なるほど。

よしもと　私、この間、朝五時スタートの映画撮影の見学に、朝十時くらいになってから行ったんです。映画の原作者が訪問という企画で。撮影って、朝四時とか五時に普通に集合するんですね。メイクとかのこと考えたら、もしかしたらもっと早い時間から？

小林　そういう場合もあります。朝の撮影だったら二時出発とか。

よしもと　それでカメラに写らなきゃいけない。自分をベストの状態で写してもらわなきゃならない。しかも雨だったり寒かったりカンカン照りだったり。すごいことですよね。現場に行くと感動しますね。

小林　忍耐力はつきますね。ホントに健康じゃなきゃ俳優は無理だと思います。若くて元気な人じゃないと。だから、私、そろそろいろ考えとかないと（笑）。

よしもと　俳優さんも監督やスタッフさんも、早い時間からこんなにたくさんの人がシャキッと働いていて、本当にすごいなと思いました。

小林　すごくダメそうな人でも、不良っぽい人でも、朝ちゃんと来たりするから、この人真面目じゃん！って思ったりしますね（笑）。だけどどんなに早起きしてテレビをつけても、すでに働いてる人がいてね。この人たちすごいなあって思うんです。朝の生番組とか、もう信じられない！　いろいろな仕事があってみんな頑張っているんですよね。

書く「舞台裏」にあるもの

小林　よしもとさんの作品は、海外でもよく読まれていますよね。外国の方の感想ってどんなのが来るんですか？

よしもと　インタビューでも読者の感想とかでも、外国の人はお金の話をしないからすごくラク。成功してどうとかいう話を、日本の人はよくするんです。内容のことじゃないことが多いのが日本の人の特徴。だけど、海外の人は、内容に関してだけ。

小林　へー。そうなんですね。

よしもと　外国の人のほうが、抽象的に物を考えている感じがします。人生に関してとか。日本の人は、私はこれについて悩んでいるから、これを読んで救われたとか、私はこうでした、と自分に置き換えて理解しているような感じがあるんだけど、外国の人は哲学的に捉える。私は人生はこうあるべきだと思う、だからこう考えた、という。そこが違うなぁといつも思います。

小林　自分の考えがありつつ、この本ではこうだけど…と。なんか議論するような感じですかね。

よしもと　そうそう。

小林　イタリアで多く読まれてると聞きましたが、何か日本人との共通点があるんですか？

よしもと　おそらく訳が巧いんでしょうね。イタリア語って形容詞がすごく多いから、訳しても単調にならなかったんじゃないかな。例えば、英語だとジェントリーくらいしか当てはまる単語がないというような表現も、イタリア語なら多分いろいろな形容詞から選んで表現できる。

小林　それですごく原書に近いものとして伝わったんですね。でも、国民性が違うじゃないですか。イタリア人と日本人。でも、通じるものが…？

よしもと　なんでしょうね。わりとラテンな国のほうが人気がある気がする。メキシコには、熱狂的な人が何人かいますね。ラテン国家ではないけれど、気質がラテン的な韓国でも、よく読まれています。だから、なんか通じるものがあるのかもしれないですね。

小林　よしもとさんの書くものに出てくる人って、みんないろんなことにすごく感謝している。どれを読んでもすごく感謝に満ちあふれてる気がするんです。それって、普段からよしもとさんがそういう人ということなんでしょうね。

よしもと　そんなに満ちあふれてないんですけど、自分は。

小林　でも、すごく嫌な人は出てこないですよね。

よしもと　それはそうかもしれない。でも実は、みっちり書き込んでないだけで、背景には密かに書いてあるんです。嫌な人もいないと出来事が起こらないですから。

小林　でも感謝に満ちあふれている感じが、外国の人が読んでも気持ちよくなったりするところなのかなと思います。私は、反省するんです、よしもとさんの小説を読むと。

よしもと　反省しないでください（笑）。

小林　気持ちが落ち着くというか、心に目が向くというか。スピリチュアルですよね。ご自身はスピリチュアルな能力とかってあるんですか？

よしもと　普通の人より、若干あるほうかもしれません。

小林　へーっ。見えますか？　勘が鋭いとか？

よしもと　見ないようにしています。怖いものとか見たくないし。

小林　楽しいものが見えるといいですけどね。

よしもと　そうですね。楽しいものはいくらでも。

小林　私はときどきエッセイのようなものを書かせてもらっていますが、やっぱり書いているときは苦しくて。よしもとさんは、作品を書いているときはどんな感じですか？　ノッていて書けるときは何時間も集中して書き続けちゃうとか、あります？

よしもと　うち、そんな環境じゃないもん。気付いたら廊下で犬がウンコしてたりだとか。

小林　（笑）いま、犬何匹いるんですか？

よしもと　二匹なんですけど。あと猫が二匹。

小林　でも、家でお仕事されているんですよね？

よしもと　そうですね。だって、いないともっと大変なことになるから。子どもも大変なの。「マジックを見てくれ」とか言ってくるんですよ。「一枚引いてくださ〜い」とか。私が原稿書いてるのに、後ろでアンジャッシュの〝すれ違いコント〟を見始めたり（笑）。「今、仕事してるから音消してくれるかな？」「音消したらアンジャッシュの意味がわからない」「じゃああっちで見てくれないかな？」って、そういうやりとりで二十分くらい中断される。そんな中で小説を書くのはすごく困難です。

小林　「今、仕事してるでしょ!!」って強く言うことはないんですか？

よしもと　そんなふうに言っても、どうせ聞かないから、どういうふうに言ったって一緒。仕方ないなって思ってます。

小林　優しいなあ。…あ、そろそろお時間みたいです。今日はありがとうございました。

よしもと　こちらこそ。近所だとわかったから嬉しいです。焼き鳥屋で出会えるかも。

小林　本当に、超近いですから（笑）。焼き鳥屋さん、行ってみます。

よしもと　ぜひぜひ！

推薦人

群 ようこ

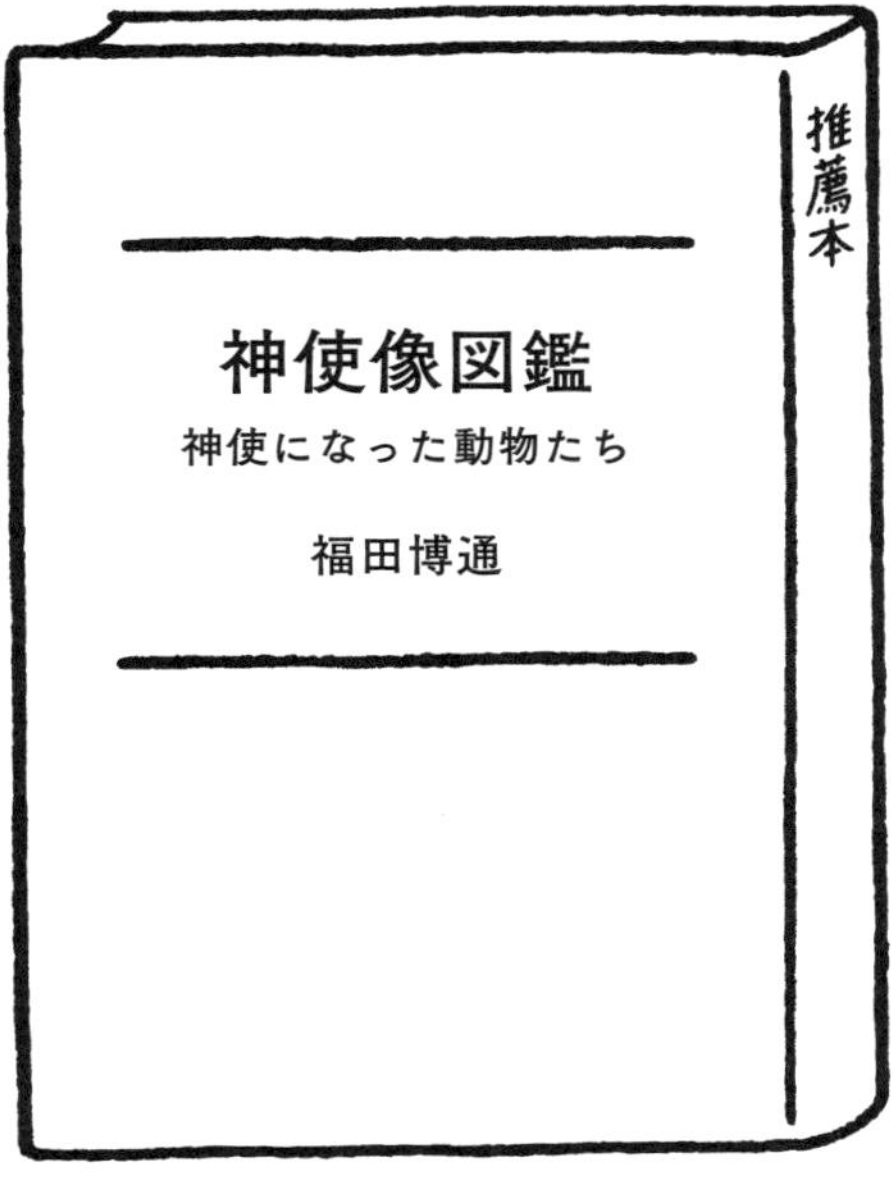

推薦コメント

私は動物や民俗学が好きなのですが、その二つが合体した一冊で、日本全国の神社、お寺にある、神仏の使いとして奉納された、動物の像の図鑑です。想像上の動物の狛犬はよく見かけますが、本によると十二支はもちろん、猫を含めたその他の動物も、その土地の特性によって、神のお使いとして大事に扱われていたことがよくわかります。かわいいもの、精巧なもの、北欧製じゃないのといいたくなるようなフォルムの像もあるので、楽しんでいただけるとうれしいです。

群ようこ（むれ ようこ）
作家、随筆家。日本大学藝術学部卒業。１９８４年、『午前零時の玄米パン』（本の雑誌社）で作家デビュー。以降、数々の小説、エッセイを執筆。『かもめ食堂』（幻冬舎）、『働かないの れんげ荘物語』（角川春樹事務所）、『寄る年波には平泳ぎ』（幻冬舎）、『おとこのるつぼ』（新潮社）など多数。

だまっていてくれてありがとう

　動物は何を考えているのかわからない。一緒に暮らしている犬や猫なら、かろうじて、ゴハンくれとか、窓を開けろとか、退屈だから遊んでくれとか、生活の範囲内での要求は想像できる。しかし、そんな生活をともにしている犬猫でさえ、窓から遠くに広がる家々の屋根をじっと見おろしていたり、ストーブの前で丸くなって寝ているのかと思ったら、バッチリ目をあけて私の動きを目で追っていたり、テレビの天気予報をかたずをのんで見入っていたりするのを見るとき、こいつらは一体何を考えているのかと思う。動物は人間の言葉を話さないので、人間のほうも動物たちの前では他人には見せない自分の姿をさらけだすことができる。動物と暮らしている人は誰もが、もし、この犬や猫が話しができたら大変マズイことになる、と思っているに違いない。動物の前では、だれも取り繕わないいし、動物には本当の自分を見られている、とわかっている。だから、動物たちは畏れるべき存在なのである。人間の弱みを握っている脅威の存在なのである。

　そんな動物たちが、堂々と神社仏閣に鎮座している。魔除けとしての狛犬とは別物としてである。かれらは、その神社やお寺の神仏とれっきとした由縁があり、神仏の使いとして祀《まつ》られているのだ。それにしても、こんなにたくさんの種類の動物が神様や仏様の使いであったのかと驚かされる。まあ、十二支くらいはありそうだと予想がつくが、鯉、蛸、ナマズ、鯛、象、猫、狼はほんの序の口、なんと河童までが「神使《しんし》」として奉納されているのである。みなさんはどれだけの「神使」を確認していますか。お稲荷さんは狐、天満宮は牛、熊野神社は八咫烏《やたがらす》、八幡宮は鳩、くらいはなんとか思い浮かぶだろう。しかしミミズクってなによ、ナマズってなによ、である。数えてみたら三十八種類の動物が神仏の使いとして紹介されていた。しかし、古代の日本ではあらゆるものに神が宿るとされていたから、本当はもっともっと数があるはずである。たとえば、毘沙門天の神使は虎とされており、京都の鞍馬寺には猛々しい虎の石像が置かれているが、毘沙門天の本来の神使はムカデだそうで、毘沙門天を祀る社の総本山、奈良県の信貴山《しぎさん》朝護孫子寺《ちょうごそんしじ》の絵馬には虎とムカデが描かれている。いかにも強そうな大きな虎の石像が境内に祀られているのは、なんだか派手で堂々としていて、あやかりたいものだ、と思うけれど、もし巨大なムカデがその身を微妙に波打たせて聳え立っていた場合、やはり、どうあやかってていいものか、心の整理がつきにくい。「たくさんの足のうち、たった一歩の歩調や歩く方向が違っても、前に進むのに支障がでる。困難や問題に向かうには皆が心をひとつにして当たるようにとの教え（寺の説明）」と聞けば、ああなるほど、と思うのだが（戦国時代臭がかなり強いですね。上杉謙信が毘沙門天を大変信仰していたそうで……）。それに、虫を卑下するつもりはないが、神や仏の使いが虫、というのは、勝手ながら温もりが感じられないというかなんというか……。

温もりといえば、非常に重要なのは、その像の造形だ。まあこれは、個人的な好みもあるかもしれないが、狙っていない素朴な神使像にはやはり惹きつけられるものがある。逆に、妙に写実的なものは面白みに欠ける。神仏の使いに面白みを求める必要はないだろう、と言われれば確かにそうだが、やはり神社やお寺に行って、いい表情、いい味を出している神使像に出会うと、その参拝もぐっと盛り上がるに違いない。いい表情、いい味は、人間同様、長い時間をかけて雨に打たれ風にさらされ、自然と角が取れていい加減に力が抜けて現れる。だから新しい像より、古いもののほうが断然面白い。真新しい像には、彫った人間の魂がまだ抜けきっていない感じがするからだろうか。

とにかく、これらの神使像を撮り集めに全国津々浦々へとでかけた福田博通さんの根性というか情熱はすごいものがある。もともとは狼像に惹かれていたのが、定年退職後に興味の対象は神使像全般へ広がり、十数年の間に訪れた神社仏閣は五百にものぼるという。定年退職後にこんなに面白い研究（趣味？）に関われるなんて、本当に素晴らしい。きっと福田さんも動物がお好きなかたなのだろう。

我が家の猫は、私の秘密をたくさん知っている。本当に黙っていてくれてありがたい。ある日突然、口をきいて話しかけられたらどうしよう、などという想像をするとき、心底背筋が凍る。ちなみに群ようこさんは飼っている猫のしいちゃんと、会話ができるそうである。逆にいえばしいちゃんは群さんにだけお話をするということだ。群さんは不思議ちゃんでもなんでもない。群さんとはそういうお人なのである。

推薦人

高橋ヨーコ

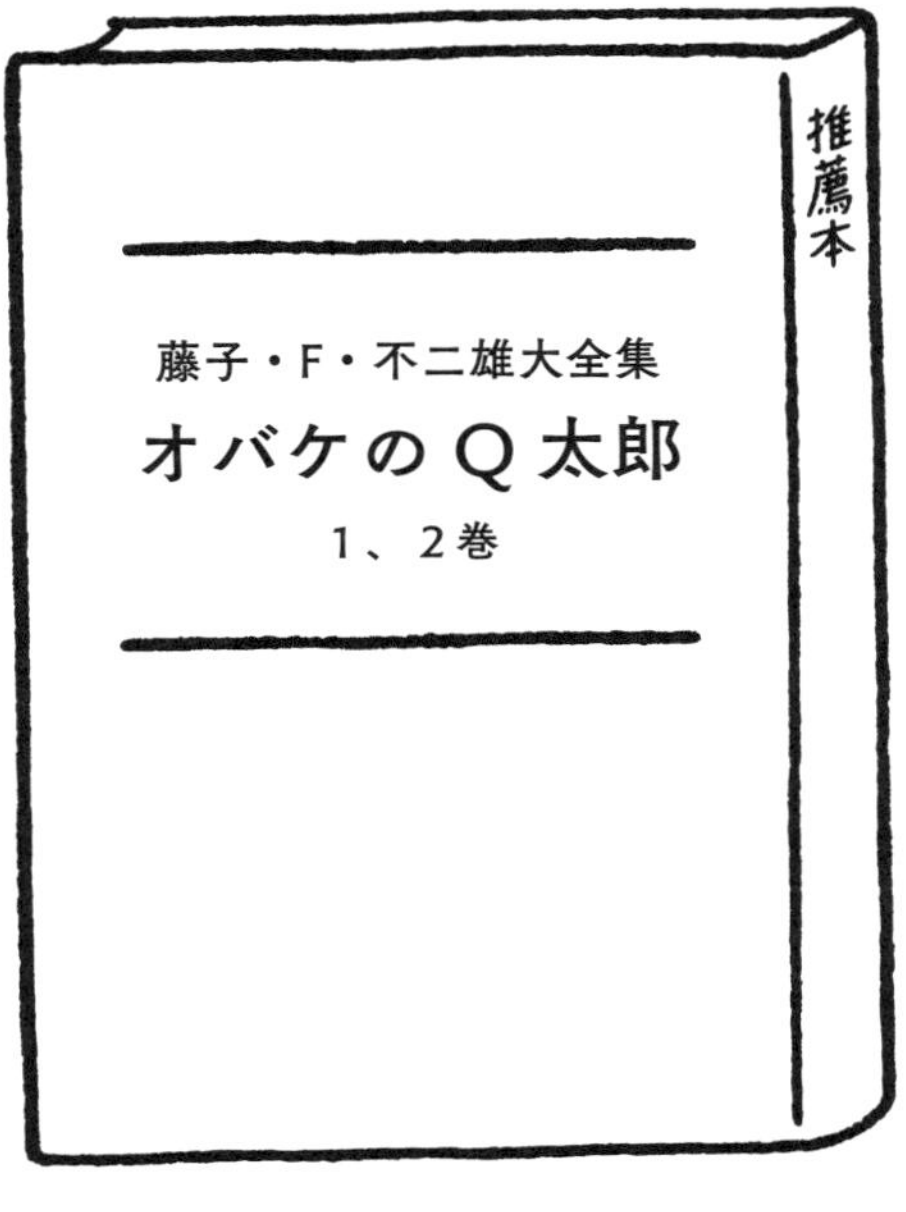
推薦本
藤子・F・不二雄大全集
オバケのＱ太郎
1、2巻

推薦コメント

昭和の漫画なのにアメリカ帰りのドロンパや強い女子U子、実はジェンダーフリーなP子などがでてきます。そして何よりもQ太郎の正ちゃんへの友情にぐっときますね。夢があってよき時代だったなぁとしみじみ思います。ネーミングも秀逸ですし（どうでもいいですが、うちの父がショウちゃんで、母がユーコなので、そこも個人的に好きなポイントです）。

高橋ヨーコ（たかはし よーこ）
フォトグラファー。自身の文化的興味を満たすべく世界各地をフィールドワークするように撮影を続けている。
ビジュアルジャーナル ONTARIO（ontariopaper.com）を立ち上げ、現在はサンフランシスコ在住。

もしも消えたらなにをするか

一九六〇年代といえば、昭和の漫画の名作が爆発的に誕生した黄金期。この『オバケのＱ太郎』が誕生したのも一九六四年である。ちなみに私が誕生したのは一九六五年。Ｑ太郎とほぼ同い年である。ただ、Ｑ太郎は卵から生まれたときからなぜか造形的には完成された状態だったので（オバケだから）、人間の私とは成長の速度が違う。Ｑ太郎がいきなり正ちゃんと相応のコミュニケーションをしている頃、私のほうはやっと歯が生え始める、といった具合である。そんな、人間生活を始めたばかりの私は、もちろん、リアルタイムの漫画のＱちゃんを手にとることはなかった。その後も漫画を読むことがほとんどなかった私は、名作と言われている漫画のそのほとんどをテレビアニメによって体験することになる。この『オバケのＱ太郎』もそうであった。正しくはアニメ『新オバケのＱ太郎』（山本直純氏によるオープニングテーマは名曲！）。しかし、そんな漫画に縁遠い私でさえも、幼稚園のお弁当箱は、なぜかQ太郎が黄色とピンクと青色の風船を持って立っているという、アルミ製のものであった。これはもうQ太郎が無意識レベルで国民的であったということではないだろうか。そのお弁当箱は最近まで手元にあったが、残念ながら引っ越しの際に紛失してしまった（涙）。

『オバケのQ太郎』の世界には、まさに私の生まれた時代が描かれている。家の塀は木だったし、景色の向こうには煙突が見えたし、くず屋さんが町には来ていたし、町角には共同のゴミ箱があった。デパートはアドバルーンを揚げていて、洗濯機はローラーの脱水機、掃除機やテレビは魔法と同じであった。友だちの家に行って人形で遊んだり、裏の空き地に基地をつくったり、廃墟の空き家に忍び込んでなぜか使用可能な黒電話でリカちゃん電話をかけまくった。このような断片を思い出すのが精一杯で、幼少時代の記憶がほとんどこそげ落ちている私だが、『オバケのQ太郎』を読み進むにつれ、その世界は、ほぼ自分の子ども時代の生活そのものだったような気がしてきた。薄い記憶の輪郭が、段々と色濃いものになってきたのである。かっこいいSFな世界でなく、激しくナンセンスでもない。充分豊かで、夢があって、適度に世情に疎い。なんだか、のどかである。畳に横になって、ゆっくりと流れる雲を眺めながら、こんなのがいたら面白いよなー、と想像したらでてきそうなのがQ太郎である。

Q太郎は、オバケだが、なんの霊力もない。Q太郎のオバケとしての特徴（特技）は、空を飛べること、消えること。そしてその応用として物をすり抜けること、型にはまること（やかんとか）である。見方によっては、目覚まし時計や、どんぶりなど、人間だったら消化できないものを腹におさめることができるというのも特技といえば特技なのか。Q太郎が飛ぶ時速は四十キロ。これはなかなか現実感があってよい。四十キロの制限速度の道路をきっちり四十キロで走るのは、なかなか安全感がある。空を飛ぶ風の抵抗などは五十ccのバイクで四十キロ出している感じか。絶叫マシーンには最高速度一七二キロなどというのもあるが、この速度で空を飛ぶのは、相当な動体視力がないと目的地が見つけられないに違いない。Q太郎には無理な話だ。そして、消える、というのも、私たちには最高にスリリングな能力であった。「消えたらなにしたい？」という質問は、大人になってからもかなり盛り上がる話題ではないですか。思春期の男子だったら「女子の更衣室に忍び込みたい」とかいう、いかにも昭和の学園ドラマ的ベタな希望があるかもしれないが（ありますかね？）、もしかしたら、今のインターネットの中での活動は、ある意味、消えてなにかしている、という感覚に通じるものがあるのか。だとしたら、消えることはもはや夢ではなく、そんなに非現実的な感覚ではないのかな。とにかく、空を飛べて、消えることができる。あの頃の私たちの夢は、それだけで充分だった。

今回私が読まされた『オバケのQ太郎』には、ジェンダーフリーな妹のP子や弟の「バケラッタ」O次郎、人間世界に興味があってやってきた剛腕のU子、テキサス出身のドロンパに妹のペロンパは残念ながら登場していない。彼らは、どうやって人間世界にやってきたのか、どうやって共存していくのか、ヒッジョーに興味がある。どうやら大全集の三巻もあるそうなので、これは、読まされず、自発的に読ませていただきたいと思う。本当に昔に戻ったような、居心地のよい漫画でした。異国を旅し続けるヨーコちゃんと再会したときには、オバＱ話でぜひ盛り上がりたい。

推薦人

長塚圭史

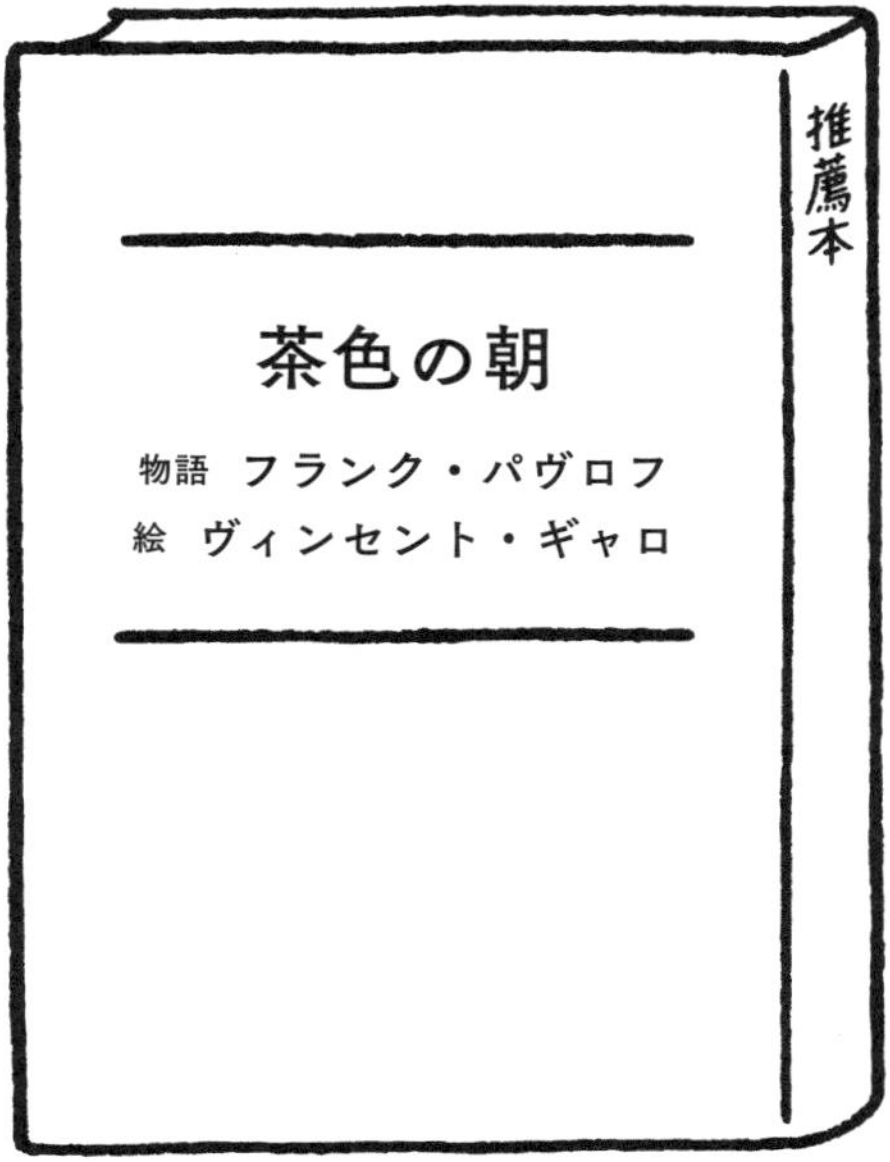
推薦本
茶色の朝
物語 フランク・パヴロフ
絵 ヴィンセント・ギャロ

推薦コメント

とても短くて、とても静かで、とてもおそろしい。絵本のような姿をしていますので、つい油断をしてしまい、血を流してしまうような。高橋哲哉さんのメッセージもすばらしいですが、本編を噛みしめてから読むとさらにいいです。感触をしっかり自分のものにしてから。

長塚圭史（ながつか けいし）
劇作家、演出家、俳優。１９９６年、演劇プロデュースユニット「阿佐ヶ谷スパイダース」を旗揚げ、作・演出・出演の三役を担う。２００８年、文化庁新進芸術家海外研修制度にてロンドンに１年間留学。２０１１年、ソロプロジェクト「葛河思潮社」を立ち上げ、『浮標』『冒した者』『背信』を上演。近年の舞台作品に、『ツインズ』『十一ぴきのネコ』『かがみのかなたはたなかのなかに』『蛙昇天』『鼬』『マクベス』『あかいくらやみ〜天狗党幻譚〜』など。読売演劇大賞優秀演出家賞など受賞歴多数。また俳優として、『あさが来た』（NHK）、『Dr.倫太郎』（NTV）、『グーグーだって猫である』（WOWOW）など積極的に活動。

ＢＣＧの針の圧よりも静かでこわい圧

薄い本だ。背表紙の厚さはたったの一センチ。本文はわずか三ミリである。薄い本が大好きな私は一瞬喜ぶのだが、次の瞬間、いや待てよと。これはケイシーくん推薦の本だぞと。ケイシーくんがそんな生易しいものを薦めるわけがないのだ。ケイシーくんは、柔らかくて心優しい印象な一方、尖ってて残酷なことをも考えている人のようだから。それだからケイシーくんの舞台を観るのは、いつも緊張する。静かで平和で優しい時間が流れていたと思ったら、突然血がドバっと出たり、人がバタっと倒れたりする。気が抜けないのである。最近は、視覚的に「どうだっ」、という衝撃的な描写に代わって、ジンワリとＢＣＧの針を押しあてられるような、なんだか、観終わった後、胸のどこかがヒリヒリするような、そんなお芝居を創っておられるように思う。

『茶色の朝』の始まりは、まさに、静かで平和である。要注意だ。ＢＣＧの針がすでにキラリと光っている。二人の登場人物は、ビストロでコーヒーを飲みながら、つい最近安楽死をさせた、彼らの飼っていた犬や猫の話をしている。その安楽死は、病気のせいではなく、国が新しく決めた法律のためであった。「茶色を守る方がいい」と国の科学者がいい、茶色の犬や猫がもっとも都市生活に適していて、優れていることがあらゆる選別テストによって証明されたから、茶色以外の犬や猫は処分することになったのだ。のっけから、かなりBCGの針の圧が高い。ふたりは、まあ、証明されたというんだから、茶色がいいんだろう、と、すっきりしないながらもそう思い、あまり感傷的になっても仕方ない、と考えている。そのうち、その法律を連日批判していた新聞が発禁となり、系列出版社の本も強制撤去され、新聞は『茶色新報』のみに。『茶色新報』なんて胡散臭いと思いながら、それでもまあ、競馬情報はあるからいっか、とこの事件もなんとなく受け入れてしまう。こうして、徐々に生活は茶色に囲まれていくのだが、主人公はだんだん茶色に染まっていくことに違和感がなくなっていく。茶色でありさえすれば、そこそこ平和に暮らしてゆけるのだ。それどころか、「茶色に守られた安心、それも悪くない」と思うようになっているのであった。そして、そのうち、過去に遡って茶色以外の犬や猫を飼っていた者、また、自分以外でも、家族や親族の誰かが、一度でも茶色以外の犬猫を飼ったことがあれば、それは違法とされ、〝ひどく面倒なこと〟になるという事態に。「国家反逆罪」である。友人はすでに逮捕されてしまっていた。そして、国家の〝手〟は主人公にも……。

たった三ミリの厚さの中に、物語はゆるりと語られている。しかし、その内容は鋭く、恐ろしい。排外主義や差別主義といったものを、知らないうちにやり過ごしているうちに、いつのまにか国による統制が強まっていくという危険性を、この三ミリの物語は教えてくれようとしているのである。その危険性は、さらにはファシズムとか全体主義とかいう話になるのだろうが、こういう分野はあまりよくわからないのが正直なところだ。しかし、私のように「よくわからない」と言っているひとこそ、茶色に囲まれた生活に違和感なく埋没していく可能性が大いにある、ということを言っているのはうすらぼんやりわかるのである。とにかく、よく考えろよと。みんな、よく考えろよと。ぼんやりしてたらあかんぞと。世の中、よく見とかなあかんぞと。なぜに関西弁になるのか自分でもよくわからないが、とにかくうかうかしていられない気にはなってきた。もっと社会に目を向けないとあかんのだ。

ニュースも見なあかんのだ。新聞も読まなあかんのだ。最近の私は、ニュースも見ない新聞も読まない、あかんたれそのものだった。しかしおかげで、相当愉快で機嫌よく毎日を過ごしてこられたのは事実である。だが、それだけではいけない、なんの自慢にもならない、と『茶色の朝』は私のおつむに警鐘をならした。その愉快で機嫌のよい毎日をとりまく、静かな圧を感じろよと。

飯島奈美　推薦　『十皿の料理』

森下圭子　推薦　『きのこ文学名作選』

皆川 明　推薦 『ぺるそな』

井上陽水　推薦　「白梅の香」

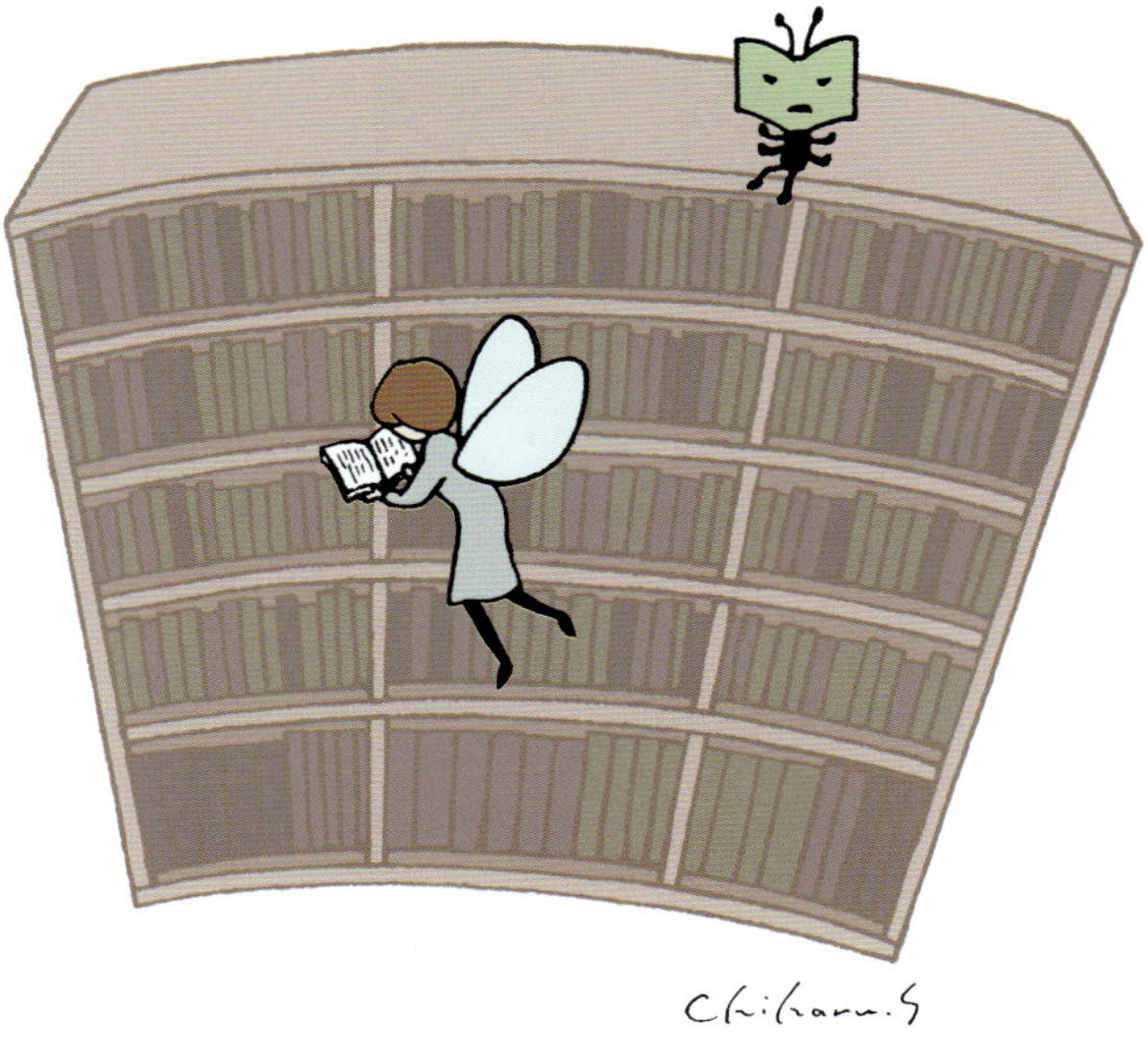

林 聖子　推薦　『虫類図譜』

吉村俊祐　推薦　『たまねぎたまちゃん』

よしもとばなな　推薦　『死ぬ気まんまん』

群ようこ　推薦　『神使像図鑑』

高橋ヨーコ　推薦『オバケのQ太郎』

長塚圭史　推薦　『茶色の朝』

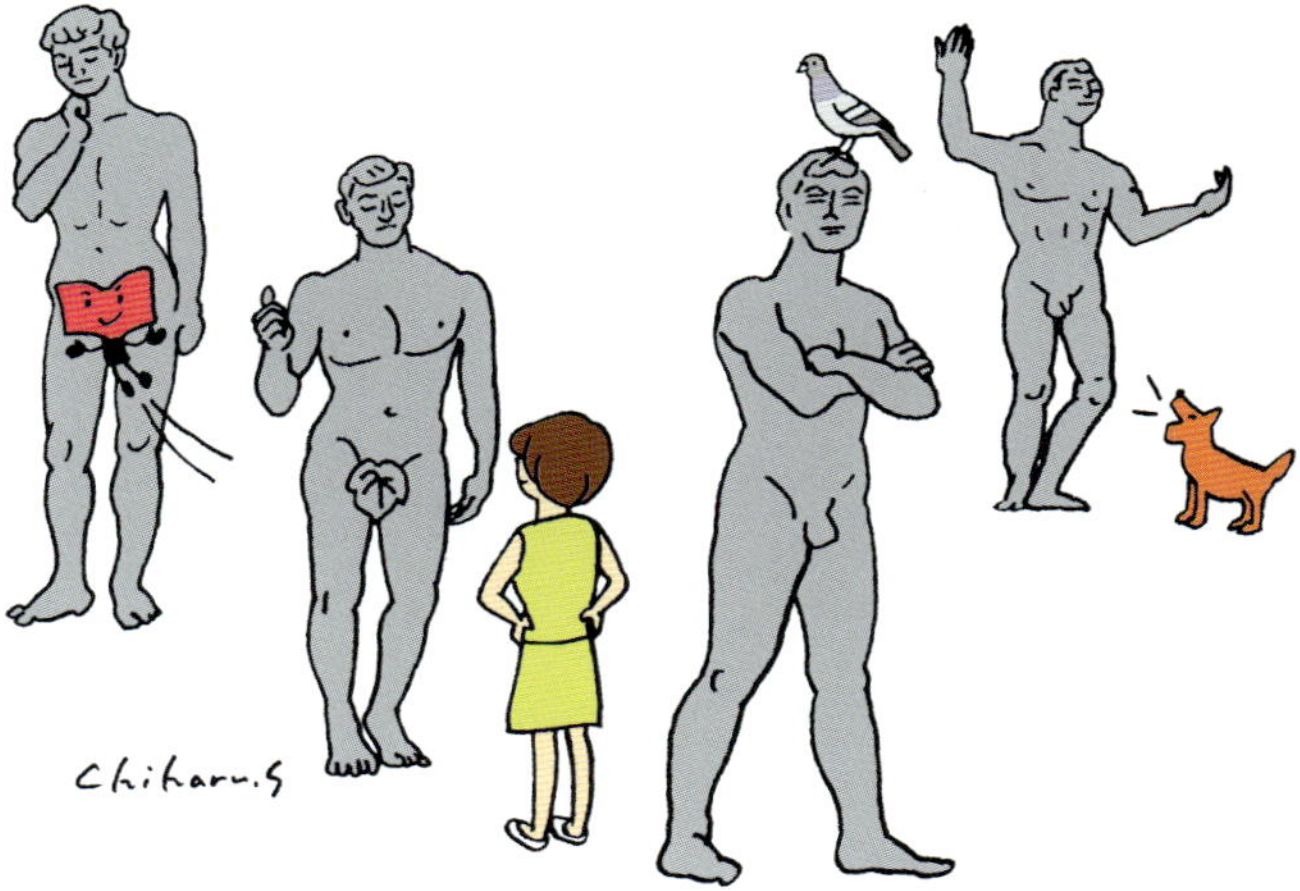

酒井順子　推薦　『股間若衆』

宇多喜代子　推薦　『酒薫旅情』

石原正康　推薦　『うたかたの日々』

ちかざきちはる　推薦　『山のトムさん』

推薦人

酒井順子

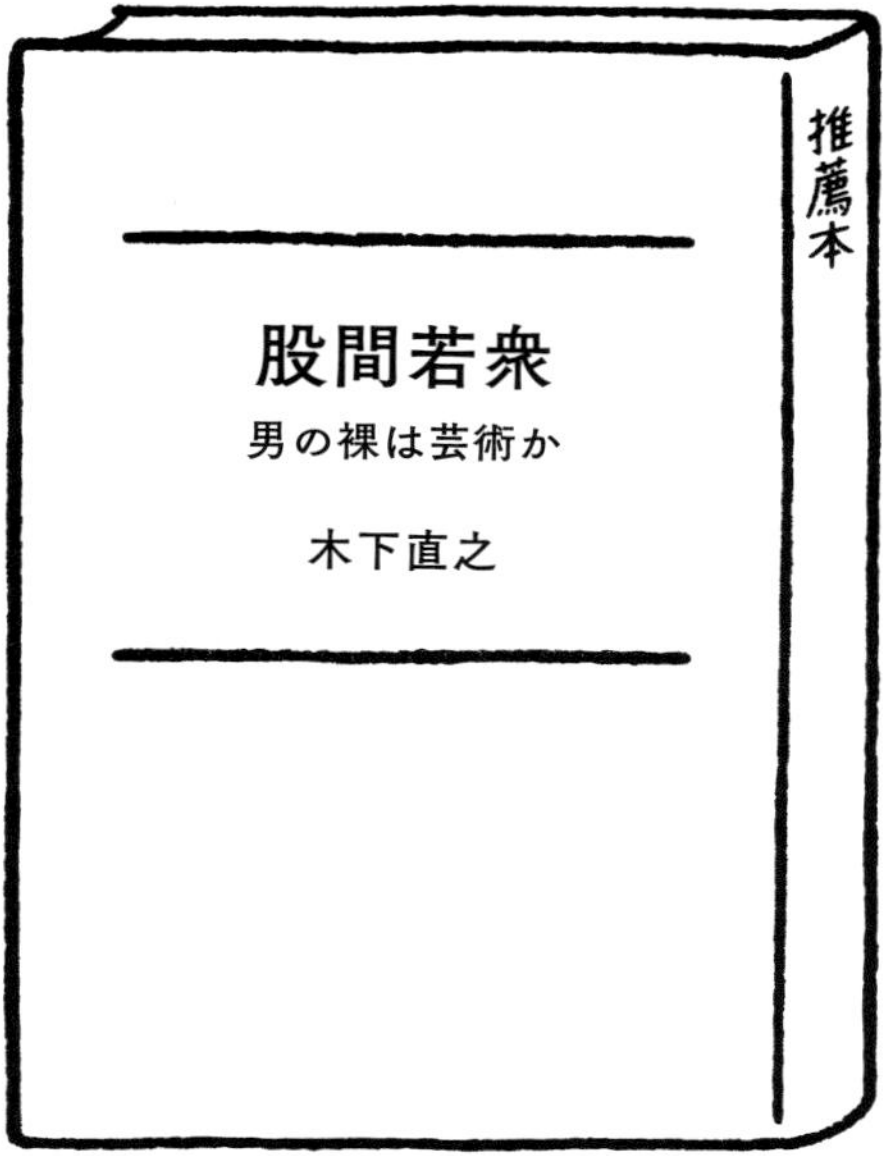

推薦コメント

さりげなく、しかし唐突に立つ、銅像。そのモデルが男性だったとき、小林さんの心にはモヤモヤした気分が発生しませんか。この本は、モヤモヤの原因は「曖昧模っ糊り」であると看破しています。股間、この扱いづらいものを日本の彫刻家たちはどう見たのか、そして小林さんは……。

酒井順子（さかい じゅんこ）
１９６６年、東京都生まれ。エッセイスト。広告代理店勤務を経て、エッセイストに。鉄道ファンでもある。２００４年、『負け犬の遠吠え』（講談社）で第20回講談社エッセイ賞、婦人公論文芸賞を受賞。著書に『ユーミンの罪』（講談社）、『地震と独身』（新潮社）、『紫式部の欲望』（集英社）、『「オリーブ」の罠』（講談社現代新書）など多数。

股間に挑む

私のローティーン時代のアイドルは、ジョン・トラボルタであった。当時、彼は『サタデー・ナイト・フィーバー』『グリース』などの映画で大ブレイクしており、私の筆箱、下敷きなど、学業のお供もトラボルタ一色だった。トラボルタのどこが好きだったのか思い出してみれば、あのきびきびした物腰、吸い込まれそうな青い瞳、笑顔のチャーミングさ、そしてつややかな黒髪は「アメリカ人なのに黒髪！」と、ローティーンの日本人の乙女にどこか親近感を抱かせるものがあったのだった。なにより、踊りがカッコよかった。多感なローティーンはよくわからない新しいヘンなものに惹かれるのだ。その頃のトラボルタは、年相応の若者らしい姿かたちをしていたように思う。しかしそれからほどなくどんどん体が大きくなり、ホントに同じ人か？と聞きたくなるくらいに緊張感のない姿になってしまった。その後、『ステインアライブ』で肉体改造したトラボルタが復活したが、なんか気合い入れて鍛え上げた感が滲み出ていて、ヌルヌルしていて、興ざめ、というか、以前のようなトキメキはわき上がってこないのだった。あの、昔のような、踊りが好きで踊っていたら自然についた筋肉、みたいなさりげない姿かたちで佇んでいてほしい、踊らないんだったら、それなりに自然な姿で佇んでいてほしい（でもだらしない姿はやめてほしい）、と勝手なことを思ったりしたものだ。ここで言いたいのは、私はトラボルタの体に惚れたわけではないということである！　いや、厳密には、鍛え上げられたどや的な体の、それに向かう精神に消極的であるということ。いやいや、つまるところ、男は体ではない！　精神精神っ！　ということである。

さて、股間若衆である。

若衆は裸で立っている。若い男性の裸体を見たからといって、特に嬉しいという感想はないが、こんなに無防備でいいのかと心配になる。それにしても、世の中にこんなにもさまざまな男の裸体像が設置されていたとは驚きである。近くに鳩が羽ばたいていたり、球や車輪といった小道具を持ったりという〝ゲイジツ的〟構図があるかと思えば、微妙に体を傾けて立つ、ひねって立つ、くねって立つ、ただ立つ、というリアルな造形も。なかには後ろ手に立つといった大胆な若衆もいる。言っておくがみな裸体である。そしてここで問題とされているのが、その股間だ。この本は総力を挙げて、この股間表現について論じている。なるほど「曖昧模っ糊り」「とろける股間」とはよく言ったもので、若衆のパッと見は写実的な造形なのだが、目線をどんどん下げて体の中心ほどの位置にくると、なんか、微妙な、不思議な、あまり深追いをしてはいけない雰囲気の、曖昧で、とろけた部位がそこに現れるのである。葉っぱを貼りつけたもの、詳細不明のなにかでミニマムに覆われたものもある。曖昧だったりとろけていたり貼りついたり覆われたりしているのに、若衆は希望に満ちたかたちや、深刻な面持ちで佇んでいる。これらの若衆の創作にあたっては、作者はあふれるインスピレーション、思想、技巧、情熱など、全身全霊を注ぎ込んだに違いない。だけどなんだろう。ごめんなさい。面白いです。どうした若衆、裸でなにしてんだい。そんな若衆はそろいにそろって、みな誠実で真面目そうである。なのに裸。そして、髪型がみなケネディ大統領みたいだ。確かに、ケネディ大統領の髪型は誠実で真面目そうである。きれいに整っているので、ある意味没個性。裸でいてもその全体の印象に圧迫感がない。これが、今風の、長めの前髪を眉間にひねり寄せた髪型の裸像だったら、生々しくてあまり近くで鑑賞したい気分ではない。いや、今、フォーカスは髪型ではない。あくまで股間である。股間。

人間の裸に向き合うことなくして、真の芸術は生まれ得ない、ということで、芸術家は裸を創造するらしい。しかしただ写生すればいい、というものではないのだろう。その作者の思い、魂が感じられるものでないと、ただの不思議な裸像である。そして、この本に登場する若衆の、ためらい傷に見えなくもない、思惑の匂うそのおびただしい股間を鑑賞したとき、股間という生の要をどれほどのものに仕上げるか、という問題が、いつの時代も、作者につきつけられた繊細で重大なチャレンジであったのだと想像させられる。それに気がついたとき、全裸を風雨にさらし、頭に鳩をのっけた股間若衆たちが、今までよりもいじらしく、愛おしいものに見えてくるのだった。

股間若衆を見て、ジョン・トラボルタを熱く語りたくなった思考の経路はいったいなんだったのか。よくわからないヘンなものに惹かれたローティーンの私の部分が、若衆の不思議なパワーによって再び引き出されたとしか思えない。ちなみに現在トラボルタは還暦をお迎えになったとのこと。かつての若衆も、眉雪《びせつ》の貫禄である。どや的に鍛えている様子もなく、私も安心している。

推薦人

宇多喜代子

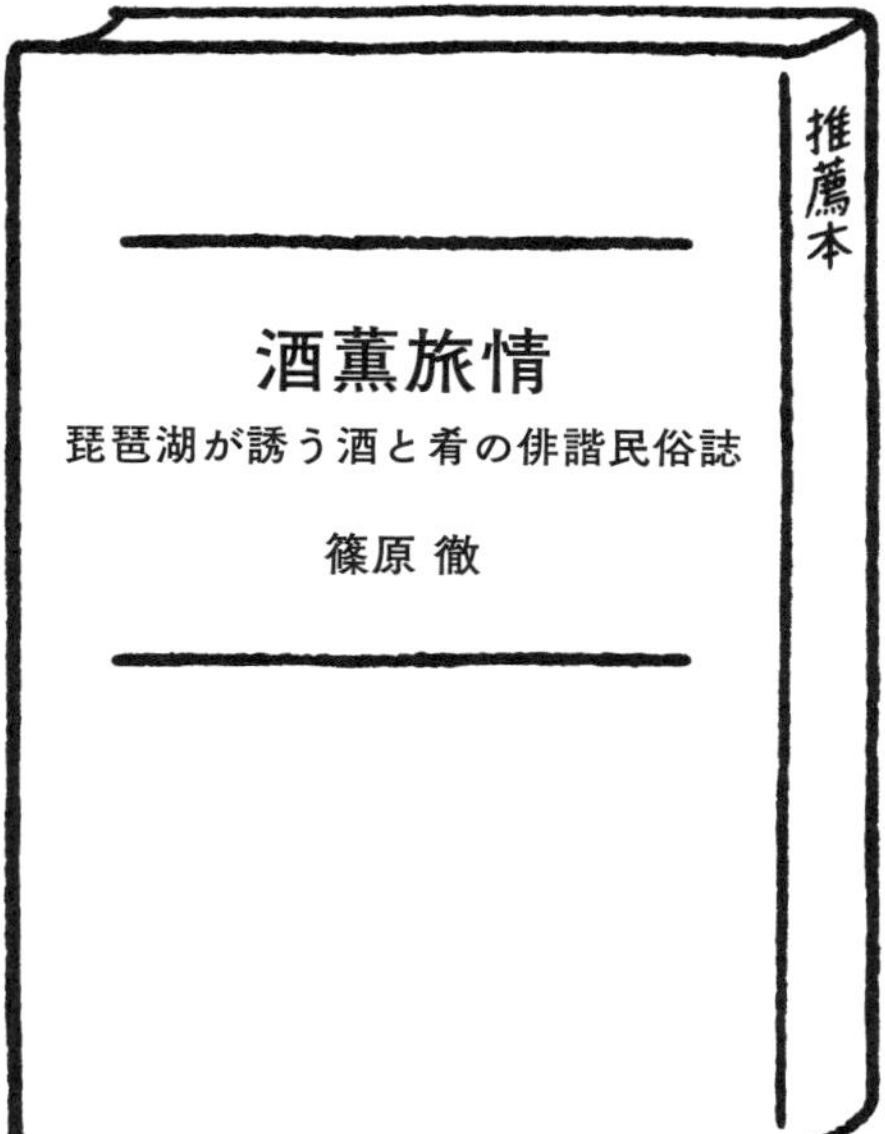

推薦コメント

「琵琶湖が誘う酒と肴の俳諧民俗誌」がサブタイトル。芭蕉がナニを肴に徳利を傾けたのかを詮索し、蕪村の〈寂寞と昼間の鮓（鮨）のなれ加減〉などを目安に近江の鮒鮓に手をのばす。一冊読んだだけで、すっかりホロ酔いの気分になること必至。お薦めです。

宇多喜代子（うだ きよこ）
１９３５年、山口県生まれ。俳人。53年、石井露月門下の遠山麦浪を知り、俳句を始める。70年、「草苑」創刊に参加し、桂 信子に師事、同誌編集長を務める。82年に第29回現代俳句協会賞受賞、２００２年、紫綬褒章受章。２０１４年、第14回現代俳句大賞受賞。前・現代俳句協会会長。

六〇歳デビュー

ここ三年、毎回一度たりとも欠かさずに観ているテレビ番組がある。それは、Eテレの「NHK俳句」である。というのも、三年ほど前から友人たちと俳句を始め、月に一度みんなで集まってわいわいと句会を楽しんでいるのだが、その句会にはいわゆる宗匠というか先生というか、とにかく指導者的なひとがいないまったく野放しな句会なのだ。だからせめて、句作にあたっての最低限のルール、秀作とされる俳句の雰囲気などを、番組にご出演されている一流の先生がたのコメントから少しでも学び、私たちの句会の発展と繁栄に役立てたい、という句会最年長者の私の涙ぐましい志である。そして、この番組にご出演されている先生がたの中で、ひときわ才気漲《みなぎ》り、凛々《りり》しいおかたが宇多喜代子先生であった。すっかり私は宇多先生のファンとなった。そうして番組を観続けて二年ほど経った頃、畏れ多くも私がこの「NHK俳句」に、それも宇多先生の回に出演する、という衝撃の事態に！

果たして俳句超初心者の私は、ツラの皮千枚張りを承知で、宇多先生と並んで公共の電波にのったのであった。

その後もご縁あって、「NHK俳句」番外編で、宇多先生、南 伸坊さん、平岩 紙さん、私の四人で、猫がたくさん棲むことで有名な宮城県の田代島へ吟行することになった。盛岡に到着した夜の食事の席で、宇多先生は地元のお酒をコップで美味しそうに飲んでおられた。私たちの目の前には、新鮮で美味しそうな、気取らない魚の料理が並んでいた。ひとからのお酌も断り、自分のペースでゆったりお酒を味わう宇多先生は、なんともカッコよかった。まったくお酒が飲めない私は、ほうじ茶をすすりながら、そんな先生に見惚れていた。お酒がすすんでも、まったくお変わりない先生に、お強いんですね、と言うと、

「いえいえ、そんなことない。六〇歳までまったく飲めなかったのよ」

と、驚くべき答えが返ってきた。ほ、ほんとですかっ。人間そんなこともあるのか。宇多先生のお酒のモットーは、「上等の酒を常温で少々」ということ

だそうで、少々、というのは、ひとそれぞれの量りによるものだろうが、なるほど、先生は先ほどから常温でお飲みになっている。酒本来の味わいを楽しんでおられるのだろう。なんちって、酒のなんたるかを知らない私にそんなわかったようなことを言う資格はないのだが、六〇歳を過ぎてからお酒の楽しみを知ることができるという可能性を、宇多先生は教えてくださったのであった。

さて、ここからがやっと『酒薫旅情』である。

著者である民俗学者の篠原 徹さんは、趣味なのか本気なのかわからない、いや、多分両方の気合いで、酒と旅にまつわるエトセトラを調査・研究して、飲酒文化に迫っている。民俗学はフィールドワークをともなう旅も多く、そしてそんな旅に酒は欠かせないものであり、また酒なくして民俗学はありえない、ということらしいのだ。確かに、旅先の聞き取り調査なんかのとき、相手の警戒心をほぐすのに酒は最もよい手段に違いない。もっとも、旅先の聞き取り調査などと堅苦しいものでなく、篠原氏は近所の居酒屋においても酒にまつわる研究（興味）に余念がない。終《つい》の棲家《すみか》に決めたという近江の代表的な酒の肴、鮒鮨《ふなずし》についての研究も、実践（ご自身で漬ける）をともなっており説得力がある。匂いの強烈さから敬遠されがちな鮒鮨だが、その鮒鮨についてこれほどまでに情熱を注いで研究されているという、オタク魂に純粋に感動するのであった。そして興味深かったのが、芭蕉や蕪村といった俳人たちの酒と肴にまつわる句をとりあげ、その酒はどんなだったか、肴はなんだったか、芭蕉は、蕪村はどのくらいの酒飲みだったのか、などを探る試みである。ひとつの俳句から、こんなことにまで世界が広がるのかと感心ひとしきりであった。ちなみに芭蕉は膾《なます》、蕪村は鮒鮨がかなり好きだったようである。「酒心なくして詩心なし」とは篠原氏の言葉だが、まあ、それもたしかにあるのかもなぁ、などと、このめくるめく酒にまつわるエトセトラに圧倒された私であった。

六〇歳になってからお酒が飲めるようになったという宇多先生は、私に、酒と旅の奥深い世界を垣間見てごらんなさい、とこの本を薦めてくださったのかもしれない。いやぁ、酒と旅の組み合わせは最強です。そして酒心も詩心も足りない私ですが、六〇歳になったら私もコップ酒をカッコよく飲んでる可能性も大いにアリです。いい俳句も作ってるかも！　よしっ。

推薦人

石原正康

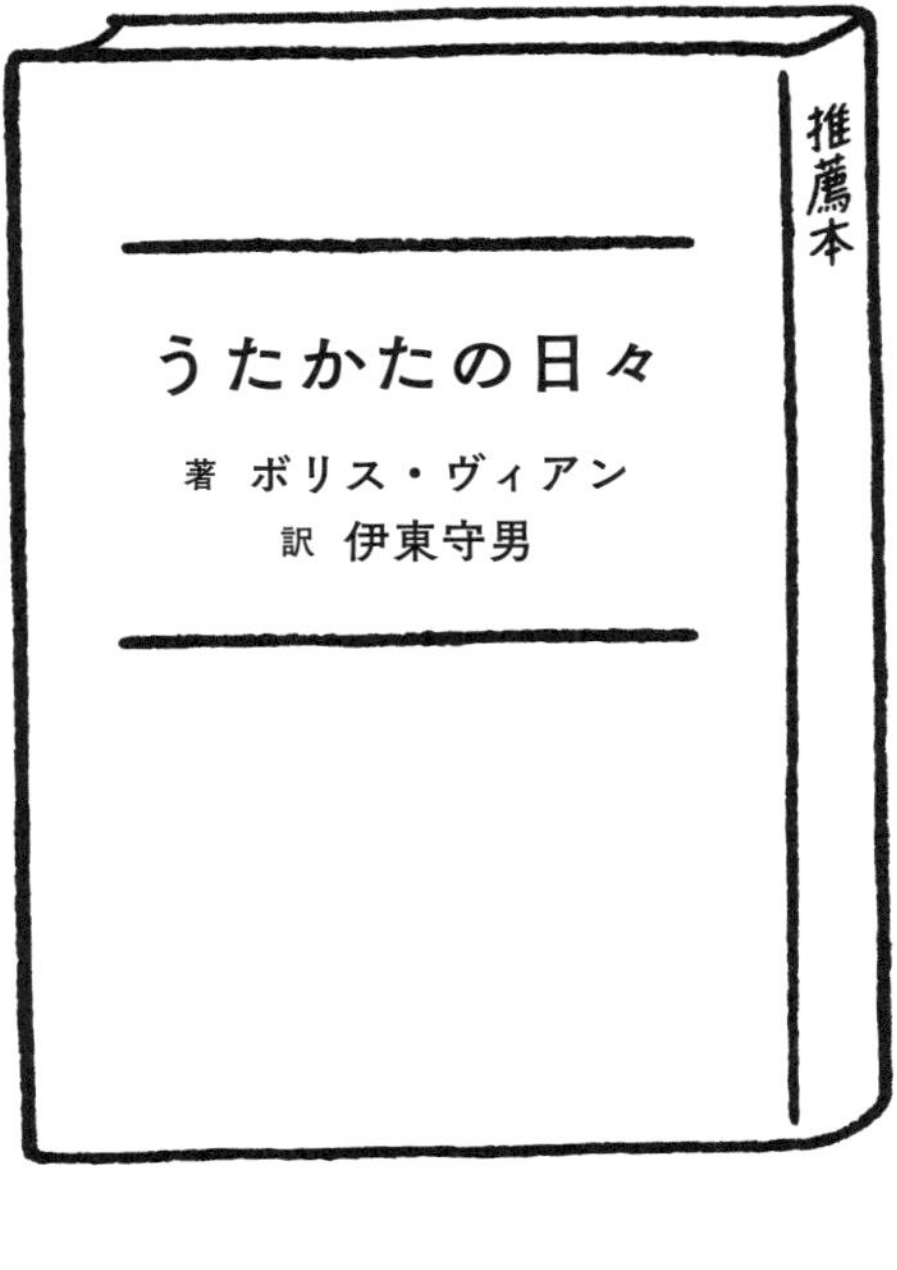

推薦コメント

聡美さんは自身の言葉で、他人と絶妙な温度で関係していく。
僕は彼女が話すスペイン語も英語も聞いたことがあるが、
彼女に話しかけられた人は誰もがすこやかな顔になる。にこやかとは違う。
初めてランドセルを背負った少年のように、綺麗に背筋がのび口もとを涼しくする。
聡美さんは、人と切結ぶ言語感覚が実に豊かなのだ。
『うたかたの日々』は僕はこれまでに五回読んだが、
自由奔放は表現の積み重ね、オリジナリティの執着に毎度驚く。
構成なども平気でバランスを欠く書きっぷり。
世界ランキングに入る恋愛小説でありながら、実は鼻っ柱の強い小説なのだ。
しかし、肺に睡蓮が咲く奇病にかかったクロエとの恋物語。
読んだ人間の胸を愛と涙でいっぱいにする傑作。
願いたいのは、小林聡美を翻訳家にしてこの名作をもう一度心地よく読みたいんだな。

石原正康（いしはら まさやす）
編集者。新潟県出身。幻冬舎の取締役兼専務執行役員。五木寛之の『大河の一滴』や『人生の目的』、天童荒太の『永遠の仔』、村上龍の『13歳のハローワーク』などのミリオンセラーや多くのベストセラーを生み出した編集者として知られる。

うたかたに戯れる

私がここ数日大きいほうを出し渋っているのは、大腸の三合目あたりに優秀な小人たちが今世紀最大の高層ビルを建築中だからである。この小人たちには、春の終わり頃に人生の転機ともいえる運命の決断を後押ししてくれた恩義もあり、私にはかれらの誠実な労働、そして希望を一掃するのが阻まれた。しかしそうこうしているうちに、私の手先足先はだんだん毛深くなり、それと同時に激しい痒みにおそわれた。痒くて痒くてしかたがない。気がつくと私はしきりに手先を舐めていた。舐めても舐めても痒みはおさまらないが舐めないでいるよりは少しはましだった。足先のほうは体勢が難しくてなかなか行き届かなかったが、手先を舐めていると足先の痒さに対する意識は薄らぐ気がした。食欲もなくなって、ひたすら手先を舐めた。舐めて舐めて手先の毛がまだらになった頃、優秀な小人たちの高層ビルの建築が終わったとの知らせがはいった。テナントの一階には、行列のできるポップコーンのお店が入るらしい。優秀な小人たちは自分たちの役目を終えると、行列のできるポップコーンのことはお構いなしに、内壁に吸収されてどこかへ移動していった。ポップコーンの店にはすぐさま行列ができた。私の手先はボロボロになった。大腸の三合目あたりはいつもポンポンポンポンとポップコーンがはじけていた。ここらあたりで決断をしなければいけないのかもしれない。優秀な小人たちはどこかへ行ってしまったのである。自分で決断をしなければ。手先の毛はもうすっかり舐めつくして、ただヒリヒリと熱をもっていた。

おしまい。

頭がおかしくなったわけではありません。最近気になるうちの猫の便秘を物語ってみました。全世界のボリスファンのみなさんごめんなさい。石原さんごめんなさい。尾籠な話でごめんなさい。ボリスの世界にシビレてちょっとヤケになってしまいました。しかし、この『うたかたの日々』のはじめに、「きれいな女の子との恋愛、それとニューオリンズかデューク・エリントンの音楽、その他のものはみんな消えちまえばいい。なぜってその他のものはみんな醜いからだ」なんて、そんなカッコいいこと言い切られたら、そういうことなら、こっちだってそのつもりで、その他のことはどうでもいい気分になって読んでやろうではないか、とヤケっぱちになるっていうもんである。

不勉強マックス、お恥ずかしいことに、石原さんが五回も読んだという、世界的に有名なボリス・ヴィアンの名前も知らなかったし、もちろん小説もはじめて読んだわけだが、なんでも映画やコミックにもなっていて、人気の作品らしい。申し訳ないが、正直なところ、このテの物語の世界観を楽しむのに、私の性格はシニカルすぎなのである。ピアノがカクテルをつくったり、テーブルの上のホルマリンにはいったひよこの胎児が踊ったり、ネズミがしゃべったり、ロッカーの鍵を開けるのが遅いスケート場の従業員の首を飛び蹴りしてその首が飛んだり、本屋の主人たちの心臓が心臓抜きという器具でえぐり取られたりするのだ。んなバカな！　しかしその一方で、スマートでカッコいい主人公の男子やその友人たちの、とびきりきれいな恋人たちとの恋愛は初々しく、純粋で、切なく、そのあたりは妙にリアルなのであった。この、んなバカな！というところと、登場人物のリアルな心情の絶妙なバランスというかアンバランスが、この物語の魅力なんだろうな。最後、主人公コランの恋人クロエは肺に睡蓮が生えて死んでしまう。肺に睡蓮である。んなバカな！でもいかにも苦しそうである。そしてその命の消えゆくさまは悲しい。しかし、「みんな消えちまえばいい」なんて啖呵《たんか》を切られた日にゃあ（かなり江戸っ子はいってます）おお、そうかい、睡蓮かい、威勢がいいねぇ、と、思わずページをめくる親指を舐めてしまうのであった。

そう、すべてはうたかた、はかなく消える水の泡。どんなことが起きてもいいし、どんなことを想像してもいい。大好きなものがひとつ、信じられるものがひとつあれば、あとはみんな消えちまっていいのだ。どんどんやっちまえ。いいぞボリス！とはいえ、こういう物語の世界観からかなり遠いところで日々暮らしている私は、なんと現実的で、頭が堅いのだろう、と省みることしきりである。私のうたかたの想像力は、せいぜい猫の便秘物語くらいが関の山だ。便秘気味の老猫が、今日はゴハンをたくさん食べた、とか、おっ今日は四日ぶりに相当いいウンチをしてくれた、とか、そういった現実的な幸せをかみしめる生活から、強引ともいえるかたちで私をうたかたの世界に遊ばせてくれた、強烈な物語だった。

推薦人

さかざきちはる

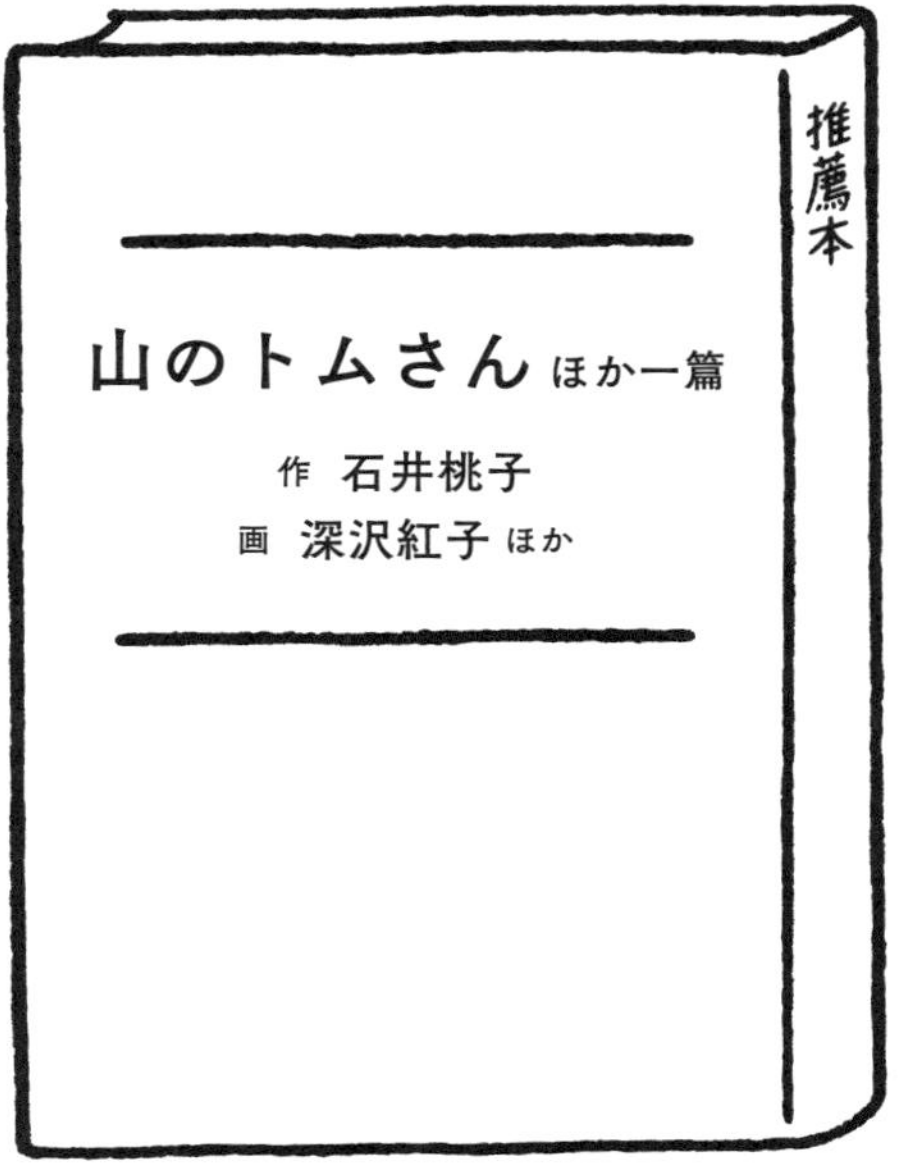

推薦コメント

子どもの頃、猫を飼いたくて仕方がなかったけれど、両親から禁止されていたため叶わず、猫が登場する本やマンガを読むことで我慢していました。数ある猫文学の中で一番好きなのがこの本。おとなになって、猫と暮らすようになって「やっぱり猫が好き」と毎日毎日思います。幸せだ……。

私の中で小林聡美さんといえば『やっぱり猫が好き』のきみちゃんが外せないので、この本を選んでみました。

さかざきちはる
絵本作家、イラストレーター。東京藝術大学美術学部デザイン科卒業後、ステーショナリーメーカー制作室のデザイナーとして勤務。１９９８年よりフリーのイラストレーターとして活動。以降、広告、雑誌、書籍などさまざまな分野で、イラストや挿画を手がける。Suicaのペンギン、千葉県のマスコットキャラクター「チーバくん」など、さまざまなキャラクターの生みの親としても有名。

ずっと猫が好き

二十五歳のときから猫を飼い始め、今までのべ四匹の猫と暮らしてきた。当たり前だが、それぞれ性格が違っていて、言葉を話さない彼らと付き合っていくのは、なかなか想像力がいるのだった。鳴き声や顔つき、行動などで、彼らが今何を考えているのか、どんな状態なのか察してやらねばならない。

一番最初に暮らしたおとっつぁんは、おっとりしていてぬいぐるみが大好きで喰い意地が異常にはっていた。二匹目のオシマンベはやや神経質でいつもキリッとしていて、人に甘えない、立派な猫だった。三匹目のホイちゃんは、出が野良だけれど、非常に落ち着いていて、人に寄り添うのが好きで、誰かれかまわず顔やら手やら足やらを（人間のです）舐めるのだった。四匹目は今年四歳になるぺーちゃんである。人間でいうと三十歳そこそこ。ギンギンである。このぺーちゃんは、今まで暮らした猫たちの中でダントツにアウトドア派だ。

とにかく外が好きなようなのだ。といっても、人間の勝手で行動範囲を家の中だけに制限されているペーちゃんの限界は、ベランダまでである。子猫のころから、ペーちゃんはベランダで多くの時間を過ごしていた。鉢植えの間で風にそよがれながら気持ちよさそうに眠っている姿に、こちらの心も大いに和むのだった。しかし、ひとたび目を覚ますと、正視にたえないアクロバットを繰り広げ、私の寿命を縮ませた。彼の定位置はたいていベランダのヘリだった。幅十センチほどのヘリを右へ行ったり左へ行ったり。途中で止まって向かいの運動場のボールを目で追ったりしている。鳥がくればヘリから乗り出さんばかりに「カカカッ……カカッ」と一猫前に威嚇している。外出から帰ってきて玄関のドアに鍵をさし、ん?と視線を感じて見上げると、ベランダのヘリギリギリのところから静かに私を見下ろすペーちゃんと目が合ったりした。順調に成長して足腰もしっかりしてきたペーちゃんだったが、ある日、いつもと違う方向から聞いたことのない鳴き声がすると思ったら、ベランダにその姿はなく、一メートル以上離れたお隣の屋根の斜面に爪をひっかけながら騒いでいた。跳んでみたら跳べたけど、帰れない、といった様子だった。猫じゃらしで誘っても、興奮しているのか状況を判断できないようだ。私は脚立を持ってお隣にうかがってお詫びを言い、なんとか猫じゃらしで屋根のひさしギリギリまでおびき寄せ、エビぞり状態でぺーちゃんの前足を確保し、ひきずりおろした。跳ぶことに味をしめたぺーちゃんは、その後も何度かお隣の屋根にダイブし、そのたびに脚立を持った私は小さくなってお隣にお邪魔した。跳んでも助けがくると安心したのか、ある日、ぺーちゃんはさらなるダイブに挑戦した。あろうことに、庭の、二階のベランダの手すりを超えるほどまで伸びた、ヤマボウシの木にダイブしていたのである。冬の終わりで落葉していたヤマボウシに、的があったのか、若さゆえの闇雲だったのかわからないが、結果としてはかなり高い位置の太い枝の股に胴体がはさまって、身動きが取れなくなっていた。地上からもベランダからも絶妙に手の届かない位置で、ぺーちゃんはこの事態に自分でもあっけにとられたのかボーゼンと固まっていた。私が脚立に乗っても届かない高さだったので、高枝切りばさみを逆さに持って脚立にのぼり、二股に挟まれたぺーちゃんのお尻をじんわり突き上げた。今まで踏ん張ろうにも足場がなかったところに、肉球ほどの直径しかないとはいえ、高枝切りばさみの柄が伸びてきたというので、ぺーちゃんは、お尻を突かれながらも必死でその柄を後ろ足で押しやると、ようやく二股から胴体が外れたのだった。細かい枝の間をバリバリいわせて下降してくるぺーちゃんの背中の肉を鷲掴みにして、火消しの若い衆のように脚立に足を絡ませた私は、なんとか彼を確保した。

こんなぺーちゃんの武勇伝が赤子の虚勢（こんな言葉がありますかね）に思えるくらい、山に暮らすトムさんの生活は、自由で野性的で刺激的で、愛に満ちている。うちのぺーちゃんもこんな暮らしが理想なんだろうなあと想像するとき、家の中で猫を飼う人間の勝手さを考えずにはいられない。ごめんねと猫にあやまりたくなるし、ありがとうと抱きしめたくなる。戦後の食糧難で東北に友人と移り住み、開拓生活を始めた作者の石井桃子さんの生活は、慣れない農作業や酪農の仕事で大変なご苦労だったと思う。そんな中ネズミを捕るために飼われたトムの、ちょっと前のめりで、天然に精一杯生きている姿にどんなに励まされ、和んだことだろう。わざとらしい感動や筋はひとつもないのに、本当に、胸の温まる物語だ。

山のトムさんにペーちゃんを重ねると、違和感なく物語に溶け込む。野山を駆け回ってカエルを捕るペーちゃん。いいなぁ。とベランダを見ると、マンションのベランダを伝って、お隣に侵入するお尻が。

おーーーーい。

読まされ返し！

小林聡美→さかざきちはる

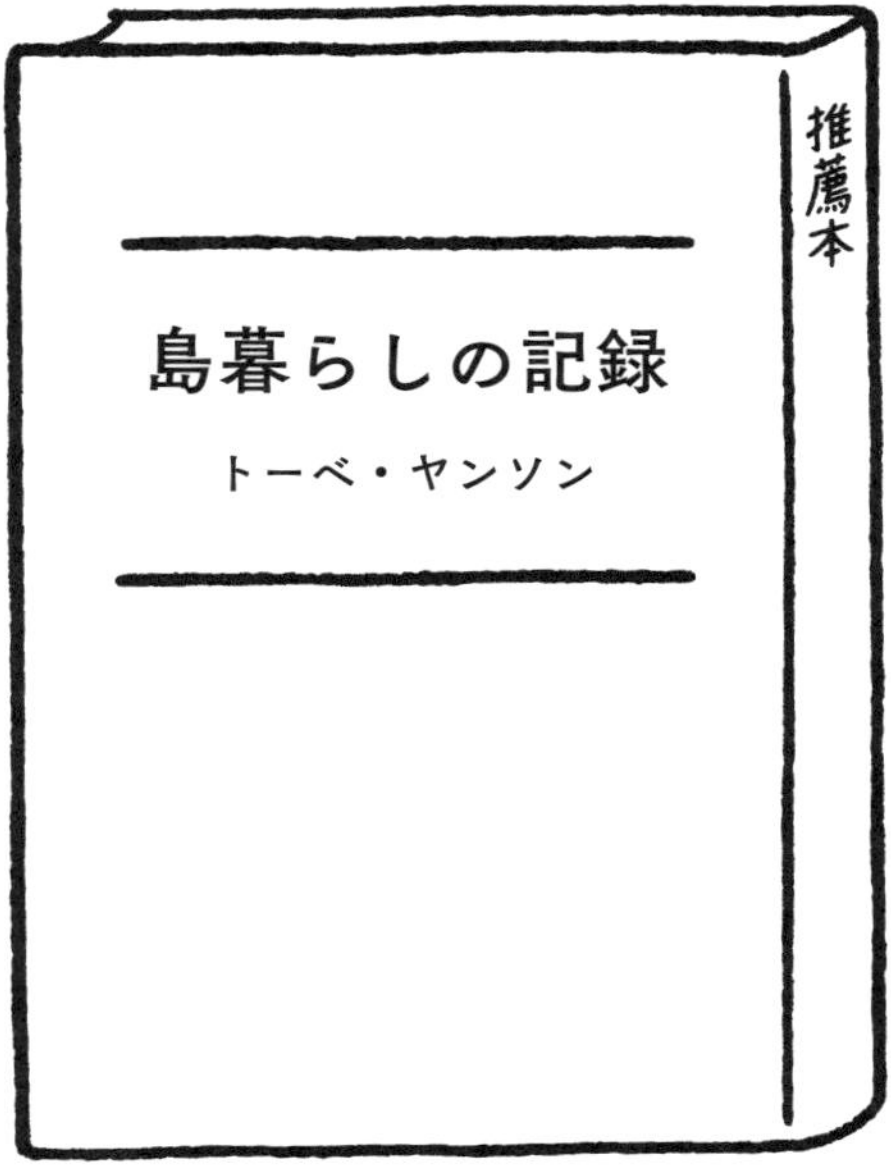

推薦コメント

さかざきさんに推薦していただいた
『山のトムさん』のお返しには、
この本ではないかと。
トムさんの農耕的な日本の開拓暮らしと比べて
バイキング系のこちらの暮らしは、
趣味的で余暇的でとても贅沢です。
でもやっぱり命がけ。
キャーとかワーとか甘えてばかりいられないぞ、と
私たちは教えられるのです。

——小林聡美

暮らし方

「島暮らし」という言葉から
私が一番始めに思い浮かべた情景。

トーベ・ヤンソンの島暮らしは
大石を発破で吹っとばすところから
始まる。

それはヴァカンス
というより
サヴァイバルだ。

実は私も今
発破で岩を吹っとばしている。

暖かい部屋の中で
ソファに座りながらだけれど。

発破作業を終え、資材を荷舟で運び込み
冬がくる前に小屋を建てる。

日記に綴るメモ

四爪錨
ノッカーの輪
ビトゥリトゥ板
獣油の塊

見慣れない言葉を口で唱えてみると
太古の呪文みたいだ。

完成した部屋で
母と親友と猫と暮らすヤンソン。

海と風に囲まれて
それぞれがマイペースに
暮らしのための作業に没頭したり
自然をただ眺めたりする。

口数を減らし
静かに満たされて暮らす。

その沈黙に強烈に憧れる。

私は島暮らしとは正反対の生活。
都会のオートロックのマンションで
ひとり暮らし。
暇な時間を、テレビとスマホの
農場育成ゲームで埋めている。
頭の中がいつもせわしない。
ガラクタがいっぱい詰まっていて
大事なことがなにひとつちゃんと
考えられない。

テレビもスマホも捨てちゃおうか。
つぶやいた先から
無理、とわかっている自分がいる。
結局、自分で選んでいるんだ。
今の自分の生活を。
テレビも農場育成ゲームも
ネットをだらだら
眺めるのも好きだよ。

本を読んだあと、小学生みたいな目標を
日記に書いた。

読まされ返しを終えて

「小林聡美の読まされ図書室」の挿絵の仕事を依頼されたとき、なんて楽しい企画だろう、とすぐ飛びつきました。聡美さんがいろいろなかたから薦められた本を、私も同時に読みました。こんな機会がなければ、一生手にとらなかった本もたくさん。

自分が知らなかった世界に、ほおーと目を丸くしたり、考えさせられたり。でもなによりも、推薦者から投げかけられた本というボールを受けとめて、鮮やかに返球する聡美さんのエッセイに、いつもうならされました。推薦者と聡美さんのキャッチボールを、端からそっと眺めて、そのイメージを絵にするのは、仕事なのに仕事じゃないようなわくわく感がありました。

そして、私も推薦者のひとりに加えていただき、聡美さんに私の大好きな一冊を知ってもらうことができました。そしてそのお返しのエッセイが、もうたまらん……　猫、万歳！　ところまでは楽しい時間でしたが、聡美さんが私に本を推薦してくれることになり、私が聡美さんに返球することに。これまで聡美さんの鮮やかな返球をいくつも見ていただけに、へなちょこな自分のボールの行方が心配です。なんとかきちんとキャッチボールになりますように。

読まされ図書便覧

『十皿の料理』
斉須政雄
朝日出版社

東京・白金にある、日本のフレンチレストラン最高峰「コート・ドール」のオーナーシェフが綴る、十皿の料理にまつわる話。牛尾の赤ワイン煮、季節の野菜のエチュベ、トリュフのかき卵……。それぞれの料理との出会いや思い出、着想から作り方までが、まるでシェフの手元が見えるような丁寧さで、料理が匂いたつような臨場感をもって、記されている。小林さん曰く「単なる料理のレシピ本ではなく、十皿の料理の向こうにある、斉須さんの人生本なのであった」。

『きのこ文学名作選』

飯沢耕太郎　編

港の人

〈数ある日本の「きのこ小説」、「きのこ誌」の中から、十六篇の作品を選ばせていただいた。〉と編者は語る。古くは「今昔物語」や狂言にも登場し、宮沢賢治、泉鏡花、萩原朔太郎、夢野久作など、錚々《そうそう》たる作家陣も、作品にきのこを登場させている。穴の空いた表紙カバーや、真っ黒なページが挟み込まれる芸術的な装本に、妖しい魅力が凝縮されている。「きのことは、あちらの世界とこちらの世界の狭間にたつミチシルベなのかもしれない、と思わずにはいられなかった」と小林さん談。

『ぺるそな』
鬼海弘雄
草思社

二〇〇三年に出版され、第二十三回土門拳賞、二〇〇四年日本写真協会賞年度賞受賞作『PERSONA』に、新たな作品四十九点とエッセイを加えた普及版。一九七三年から浅草で撮影された、市井の人々のポートレイト。すべて同じ場所、同じアングルで撮影されているが、ひとりひとりの姿形はもちろん、眼差しや仕草、服装・持ち物などに、まぎれもない個性と人生が浮かび上がる。小林さんは、「ヒトに目を向ける、という行為には、なにかを変えるきっかけが潜んでいるのかもしれない」と考察。

『西郷札～傑作短編集(三)～』

松本清張

新潮社

『砂の器』などの推理小説で知られる著者の時代小説短編集。表題作「西郷札」は、昭和二十六年、「週刊朝日」に懸賞小説の入選作として発表された処女作。西南戦争の際に薩軍が発行した軍票をもとに一攫千金を夢見た男とその破滅を描く。そのほか、大名、家老、軽輩の子として同じ日に生まれた三人の子どもが、動乱の時代をどう生きたかを描く「啾々吟《しゅうしゅうぎん》」など収録。小林さんが薦められたのは、「白梅の香」という短編。

『虫類図譜』［全］

辻まこと

筑摩書房

画家、詩人の肩書を持つ著者が、一九五四年より、詩の雑誌「歴程」に連載した風刺画と文「蟲類図譜」をすべて所収している。精緻な筆致で描かれた虫たちには、愛国心、体面、世論、防衛、エリート、ノイローゼなどの名が。当時の世相を映す虫たちだ。その生態を表す文章は、例えば「世論」はこんな調子。〈微小であるという。巨大であるともいう。全然、存在しないともいう。〉ピンと来る人にはお薦めの一冊。「薦書の中でもっとも苦戦した本」と後に小林さんに言わしめた。

『たまねぎたまちゃん』

赤塚不二夫

発行／風讃社　発売／けやき出版

「小学一年生」一九六七年の九月号から連載が始まり、六十八年頃にはメインキャラクターとして不動の人気を誇った名作。たまねぎ頭のたまちゃんを主人公に、ガールフレンドのとまとちゃん、いじめっこで唐辛子顔の「とんかりくん」など、野菜にちなんだキャラクターが暴れまわる。といっても、『天才バカボン』のようなギャグは抑えめで、独特の優しさにあふれた作品。赤塚マンガに免疫のなかった小林さんは、「これでも充分シュールで毒が効いている印象」を持ちながら読んだ。

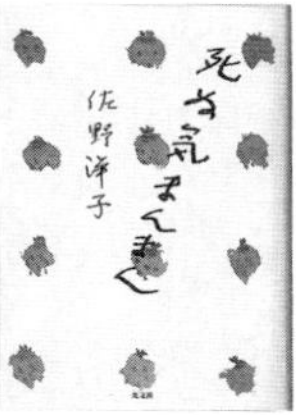

『死ぬ気まんまん』

佐野洋子

光文社

代表作は『１００万回生きたねこ』、二〇一〇年に七十二歳で鬼籍に入った著者。二〇〇八年〜〇九年に「小説宝石」に連載されたエッセイは、がんが転移し、余命宣告をされてからの日常生活を描く。余命二年と聞きジャガーを買って、モノは人に譲り、あらかたお金を使ってしまったのに、まだ生きそうだと戸惑いながら、言いたい放題、やりたい放題。闘病記とは程遠い、爽快感に満ちたアナーキーな書。「思い残すことは何もない」と書く佐野さんに、小林さんも「僭越ながら」共感したそうだ。

『神使像図鑑　神使になった動物たち』

福田博通

新協出版社

各地の神社仏閣には、狛犬や十二支の動物、猫、蛸、ナマズに至るまで、様々な動物像が置かれている。すべては神仏の使い「神使」であり、主神に縁のある動物である。そんな各地の神使を種類ごとに分類し、写真とともに解説する大判の図鑑。小林さんは「とにかく、これらの神使像を撮り集めに全国津々浦々へとでかけた福田博通さんの根性というか情熱はすごいものがある」と感心。「しかし、なぜこの本を私に……？」と、推薦者・群ようこさんの不思議ぶりを再認識。

『藤子・F・不二雄大全集　オバケのQ太郎　1、2巻』
藤子・F・不二雄　藤子不二雄Ⓐ
小学館

藤子・F・不二雄先生の愛蔵版マンガ全集の第一弾として刊行された。一九六四年「少年サンデー」連載版、「小学一年生」などの学年誌連載版と、掲載誌別に編まれている。小池さんの「即席ラーメン」をはじめ、魔球、雪男、ニューモード、戦争が終わったことに気づかなかった兵士など、当時の世相が窺える。「まさに私の生まれた時代が描かれている」と小林さんも感嘆した。小池さんのモデルとなったトキワ荘時代からの友人・鈴木伸一氏の解説なども面白い。

『茶色の朝』

物語　フランク・パヴロフ（訳 藤本一勇）

絵　ヴィンセント・ギャロ　メッセージ 高橋哲哉

大月書店

ある日、ペットを飼うなら茶色のペットを飼うこと、それ以外は安楽死させよ、という法がしかれ、人々は戸惑いながらもそれを受け容れてゆく――。心理学者フランク・パブロフによる反ファシズムの寓話で、フランスの政治を動かしたベストセラー。日本オリジナル編集版には、ヴィンセント・ギャロが描いた絵と、高橋哲哉氏のメッセージが加えられている。体裁は絵本のようでありながら、鋭い批評眼のある本。小林さんは「BCGの針の圧よりも静かでこわい圧」と評した。

『股間若衆　男の裸は芸術か』

木下直之

新潮社

露出か隠蔽か修正か？　彫刻家や写真家など、日本の美術家たちによる、男性の裸体と股間の表現を巡る葛藤と、世間の反応や事件を研究した一冊。完全なる露出から、葉っぱ、フンドシ、腰巻きなど〝股間表現〟の数々が、しっかり写真付きで解説されている。『股間若衆』というタイトルにも現れているとおり、〝曖昧模っ糊り〟などシャレの効いた文章もイカす。小林さんは本書を読んで以来、裸像を見ると「どうした若衆、裸でなにしてんだい」と語りかけたくなっているとかいないとか。

『酒薫旅情　琵琶湖が誘う酒と肴の俳諧民俗誌』

篠原徹

社会評論社

著者は、漁や農に生きる人々の技能や自然に対する知識の総体である「自然知」に目を向ける民俗学者。この本では、酒と酒肴を主軸に旅をし、考察している。蕪村や芭蕉が酒や酒肴を詠んだ俳句から当世の飲酒文化を探る章、主食のように酒を飲むエチオピア少数民族の村でのフィールドワークをまとめた章など多彩。「酒心なくして詩心なし」という著者の言葉に、俳句は嗜むが酒は嗜まない小林さんは、「それもたしかにあるのかもなぁ」と内省。

『うたかたの日々』
ボリス・ヴィアン（訳 伊東守男）
早川書房

三十九歳の若さで急逝したボリス・ヴィアン。詩歌や絵画、演劇などの分野でも才能を発揮したが、文学者として評価されたのはその死後。二十二歳のクロエと、夢多き青年コランは恋に落ちるが、結婚後、クロエは肺の中で睡蓮が生長する奇病に侵される。ヴィアン独特のユーモアと皮肉、言葉遊びにあふれた表現が鮮烈な、切ない恋愛小説。「んなバカな！というところと、登場人物のリアルな心情の絶妙なバランスというかアンバランスが、この物語の魅力なんだろうな」と小林さん談。

『山のトムさん　ほか一篇』
作　石井桃子　絵　深沢紅子　ほか
福音館書店

『ノンちゃん雲に乗る』などの児童文学や、「くまのプーさん」シリーズなどの著訳者として知られる石井桃子さんが実体験をベースに紡いだ物語。舞台は終戦直後、北国の山の中で開墾生活を始めたトシちゃんの家に、ネズミ退治のためもらわれてきた雄猫トム。トムのおかげで、苦労の多い生活の中に笑いの火が灯る。長年猫と暮らしている小林さんは、野性的に生きるトムに愛猫の姿を重ねながら、「ごめんねと猫にあやまりたくなるし、ありがとうと抱きしめたくなる」という気持ちに。

『島暮らしの記録』

トーベ・ヤンソン

筑摩書房

幼い頃から毎年夏になると一家で島の別荘を訪れていたトーベ・ヤンソン。長じてから、水平線しか見えない孤島グループ島に、実母ハム、親友でアーティストのトゥーリッキ・ピエティラとともに住み着いた際の記録。自分たちで小屋を建て、漁をし、風向きと風力に気を配り、時には暴風から避難する。現代日本に暮らす私たちには過酷極まりなく感じられる島暮らしが、淡々と綴られている。「ムーミン」シリーズなど、ヤンソンの作品世界の理解につながるエッセイ。

やや長いあとがき

　このところ、すっかり視野の狭い生活をしている。緑内障とか肉体的な意味でなく、ひたすら自分中心の暮らしをしているという意味である。行きたいところにしか行かないし、見たいものしか見ない。それがとんでもなく傲慢で偏ったことであるのはわかっているけれど、今は、そんなときなんだろうなぁと思ってそうさせてもらっている。そして、そんなひとり鎖国みたいな生活に、いい具合にぐりぐりと食い込んできたのが、読まされ本の数々であった。それは、ひとり鎖国という贅沢をさせてやる代わりに、これだけは読んどけよ、という、シャバからの差し入れのようでもあった。

　凝り固まった自分の好みはことごとく無視され、とにかくそれまで手にとることのなかった差し入れが次々と届けられた。シャバからの差し入れは、きらきらした外界の光を放ち、あったかい人の匂いがした。それは本を選んでくれた人の、光とあったかさだったのだと思う。人の思いが文字となって綴られ、一冊の本になり、その思いに惹かれて誰かがその本を手にとる。書いた人と読んだ人の想いが重なって、いい具合にあったかくなった本が、私のもとに届けられたのだった。それらの本を通して、選んでくれた人の、頭と心をめぐる不思議で面白くて怖くて嬉しい旅がたくさんできた。おかげでひとり鎖国はますます充実したものになったのだった。料理人魂、魅惑のきのこ、人間の顔、松本清張、哲学の虫、赤塚不二夫、死ぬ気、神使の動物、オバQ、三ミリのファシズム、股間、一杯俳句、フレンチなうたかた、トムさん。どれもこれも、私にとって鮮やかでめくるめく新しい世界であった。

しかし、読まされた数々が、こうして一冊になってみると、なんだか、みんなでよってたかってまとめあげた一冊となっていることに気づくのである。もはや、これは私だけの一冊ではないのだ。こんなにたくさんの人にお出ましいただき、あれ読めこれ読めと、薦めていただいて、なんとも賑やかな一冊となったことは、とても鎖国中とは言い難い状況である。特に、よしもとばななさんは、話し下手な私との対談という暴挙にもかかわらず、素敵で面白いお話をたくさんしてくださった。よしもとさんの感謝に満ちた頼もしい大人な魂は、私にとっていつも憧れである。そして、毎回かわいいイラストを描いてくださった、さかざきちはるさん。考えてみれば当然のこととはいえ、さかざきさんも、毎回私と共に読まされていたのだ。あれれ、ひとりではなかった、と、連載が終わってからあらためてそれに気づいてジーンとしたのであった。そんな、鎖国の一番の朋、さかざきさんには、最後の最後に力技でもって読まされていただいた。本来なら、さかざきさんが読まされるなら、そのお返しとして私がイラストを描かされるのが筋なような気もするが、そうなると、この本すべてが台無しになってしまうおそれがあるので、読まされ返しのイラストもさかざきさんが担当、という、さかざきさんにとってはふんだりけったりの仕打ちとなってしまった。それを、本当に素敵なエッセイと贅沢なイラストで返球してくださった。

そんなこんなで、ようやっと一冊になりました。それにしても、一年そこそこの連載を、一冊の本にしようとする行為は無謀きわまりない。無謀きわまりないけれど、おかげでやたらと大きな字になって、老眼の目には優しい。それは嬉しい。あっさりさっぱり終わるほうがカッコいいあとがきを、こんなにだらだらと書き続けているのも、一年そこそこの連載を一冊に仕上げようというあさましさなのであった。

視野の狭い私にあれ読めこれ読めと薦めてくださった、飯島奈美さん、森下圭子さん、皆川明さん、井上陽水さん、林聖子さん、ジミーくん、よしもとばななさん、群ようこさん、ヨーコ、長塚圭史くん、酒井順子さん、宇多喜代子先生、石原正康さん、さかざきちはるさん、そして装丁をしてくださった大島依提亜さん、編集長西山千香子さん、編集の竹田理紀さん。ひとり鎖国状態で読んだり書いたりしていたつもりの、読まされ図書室のまわりには、こんなにたくさんのみなさんがいました。本当にありがとうございました。

二〇一四年　十月の終わりに　小林聡美

文庫版あとがき

しかしまあ、本当にいろいろ読んで、いろいろ書いたなあ、とその内容は置いといて、まずそこのところを褒めていいですか。

よしもとさんに読まされた佐野洋子さんのエッセイについて書いた頃「若いときぼんやり想像していた、おばちゃんの不自由さは私の身の上にはまだ起こっていない」などと書いていますが、それから二年経った今、老眼やら膝の痛みやら、おばちゃんの不自由さをしみじみと味わうことになりました。たった二年で人間は、こんなにも新しいことを経験するのですね。そうなると、きっと『死ぬ気まんまん』も、今、新しい発見をもって読むことができるのではないかと思ったり。自分の変化とともに、それまで読んだ本がまた新しいことを語りかけてくれることもあるに違いありません。この『読まされ図書室』で出会った本は、またいつか是非読んでみたいと思います。読まされた当時、共感できたこと、なんだかよく分からなかったことが、ある日まったく別物として私の心に響く瞬間があるかもしれません。本と人との関係はそんなことがあるから面白いのでしょう。

あらためて、ご自身にとっての大切な本を薦めてくださった皆様に感謝いたします。そして文庫本になるにあたって、また新たな息吹をふきこんでくださった"こっち側"の皆様、ありがとうございました。またまた可愛い本になりましたね。

二〇一六年　五月　　小林聡美

宝島社
文庫

読まされ図書室（よまされとしょしつ）

2016年 7月 20日　第1刷発行
2024年 11月 22日　第2刷発行

著　者　小林聡美
発行人　関川 誠
発行所　株式会社 宝島社
〒102-8388 東京都千代田区一番町25番地
電話 編集：03(3239)0519／営業：03(3234)0599
https://tkj.jp
印刷・製本 株式会社 広済堂ネクスト

First published 2014 by Takarajimasha, Inc.
ISBN 978-4-8002-5490-0